T0098924

DANS LA MÊME COLLECTION

QU'EST-CE QUE LA BIOÉTHIQUE ?

COMITÉ ÉDITORIAL

CHEMINS PHILOSOPHIQUES

Collection dirigée par Roger Pouivet

G. HOTTOIS

QU'EST-CE QUE LA BIOÉTHIQUE ?

Paris
LIBRAIRIE PHILOSOPHIQUE J. VRIN
6, place de la Sorbonne, V^e
2004

© *Librairie Philosophique J. VRIN,* 2004

Imprimé en France

ISBN 2-7116-1687-8

www.vrin.fr

PRÉFACE

Conformément à la règle de la Collection « Chemins philosophiques », notre ouvrage comprend deux parties – d'exposition générale et de commentaire d'auteur.

Nous avons conçu notre introduction à la problématique bioéthique principalement du point de vue de son intérêt et de sa portée philosophiques. Cette perspective justifie l'accent placé sur les questions de méthodologie et sur l'expression en bioéthique des grands problèmes et enjeux du monde contemporain. Par rapport à ceux-ci, la bioéthique fonctionne comme un verre grossissant.

Le choix d'Engelhardt pour le commentaire procède de la même perspective. L'œuvre de ce philosophe bioéthicien peu connu en France est remarquablement expressive des questions méthodologiques et des grands enjeux contemporains. Elle permet d'illustrer les tensions entre une vision moderniste laïque universaliste (typique de l'idéal républicain) *et* une approche plus individualiste et communautarienne (d'origine américaine); de même que celles qui opposent une philosophie éthico-politique d'inspiration libérale – voire libertarienne – *et* une philosophie plus soucieuse de solidarité et d'égalité économique et sociale. La radicalité de certains textes présentés est propice à l'exercice pédagogique de la pensée critique.

La question fondamentale de la bioéthique demeure bien celle de l'éthique ou de la morale : c'est la question du *vivre ensemble* d'une humanité diverse, inégale, fragmentée *et* en interaction et communication globales intenses. Concrètement, il s'agit de la question du partage entre ce qui relèvera de l'initiative privée (individuelle, communautaire, entrepreneuriale) *et* ce qui sera régulé par l'autorité publique de l'État. La définition et la viabilité des partages proposés soulèvent des problèmes particulièrement aigus dans les domaines de la santé et de la Recherche et Développement (R&D) des sciences et des techniques du vivant.

ABRÉVIATIONS

DPN :	Diagnostic pré-natal
DUDH :	Déclaration Universelle des Droits de l'Homme
IAD :	Insémination artificielle (avec le sperme) d'un donneur
IVG :	Interruption volontaire de grossesse
OGM :	Organisme génétiquement modifié
PA :	Principe d'autonomie
PB :	Principe de bienfaisance
PMA :	Procréation médicale assistée
PNM :	Principe de non-malfaisance
PJ :	Principe de justice
R&D :	Recherche et Développement
S-T-S :	Sciences-Techniques-Sociétés

LES NOMBREUX ASPECTS
D'UN CONCEPT CONTEMPORAIN

1. HISTORIQUE : D'UN NOUVEAU MOT
À DE NOUVELLES INSTITUTIONS

« Bioéthique » n'a pas été forgé par un philosophe, bien qu'un nombre toujours plus étendu de philosophes aient investi le champ grossièrement délimité par la création du mot en 1970. Pourquoi les philosophes ont-ils tardé à s'aviser des problèmes les plus contemporains et les plus chargés d'interrogations sur le présent et l'avenir de l'humanité ?

Durant les premières décennies de la seconde moitié du XXᵉ siècle, les philosophes ont été interpellés principalement par la question du langage, sous toutes ses formes, ainsi que par le politique en des termes souvent venus des siècles antérieurs. Ils ne se sont pas avisés de l'importance croissante de la Recherche et du Développement techno-scientifiques (R&D) pour l'individu, la société, l'humanité, la culture et la nature au présent et au futur. La science demeurait, selon eux (les philosophes des sciences y compris), une affaire de discours et de théorie, suivant une tradition d'externalisation de la technique sous la rubrique « applications et moyens », philosophiquement peu valorisée. À de rares exceptions près, les philosophes ont fort tardé à reconnaître que la science était devenue moins représentation qu'intervention, opération, production et création, et ce dès la conception et la mise en œuvre des projets de recherche[1]. Cette mutation de l'entreprise occidentale de savoir – en cours au moins à partir de la naissance de la science dite « moderne » (Francis Bacon) – conduit à placer les questions pratiques soulevées par la R&D au cœur de toute réflexion vraiment contemporaine. L'évolution est d'autant plus sensible que la capacité d'objectivation et d'opération de la science concerne l'homme – de l'individu à l'espèce – et pas seulement la nature. L'essor de la bioéthique exprime une prise de conscience de ces nouvelles réalités.

Le terme « bioéthique » est forgé par un oncologue américain Van Rensselaer Potter. Celui-ci publie en 1970 un article «Bioethics, the science of survival » qu'il intègre dans son livre : *Bioethics, Bridge to the Future* (1971)[2]. Ce premier usage du mot renvoie à une vue positive du progrès scientifique et technique tout en soulignant vigoureusement la

---

1. Cf. Hacking I. (1983), *Representing and Intervening*, Harvard University Press. Signalons l'apparition, au cours de la même décennie 1970, du terme « technoscience ». Ce terme exprime la nature opératoire de la science et sa première occurrence dans le titre d'une publication souligne l'importance des questions pratiques suscitées : « Éthique et techno-science » (1978) (repris dans Hottois G., *Entre symboles et technosciences,* Seyssel, Champ Vallon, 1996). *Das Prinzip Verantwortung. Versuch einer Ethik für die technologische Zivilisation* (Frankfurt am Main, Insel, trad. fr. *Le Principe responsabilité. Une éthique pour la civilisation technologique*, Paris, Le Cerf, 1990) que Hans Jonas publie en 1979 est sans doute la plus remarquable de ces rares exceptions. Une analyse critique générale récente de cette problématique est présentée dans notre ouvrage : *Philosophies des sciences, philosophies des techniques,* Paris, Odile Jacob, 2004.

2. Englewood Cliffs. L'article a d'abord paru dans *Perspectives in Biology and Medicine*. En 1988, Potter publiera *Global Bioethics : Building on the Leopold Legacy,* East Lansing, Michigan State University Press. Il est mort en 2001.

nécessité de l'accompagner par une réflexion éthique prenant explicitement en compte les valeurs et la totalité (la société globale et la nature, la biosphère). Potter voit la bioéthique comme interdisciplinaire et il illustre d'emblée ce que l'on appelle aujourd'hui quelquefois la « macrobioéthique », proche de la philosophie sociale et politique ainsi que de l'éthique environnementale ou éco-éthique. Sa visée est sapientielle :

> La bioéthique telle que je l'envisage, s'efforcerait d'engendrer une sagesse, un savoir relatif à la manière d'utiliser le savoir en vue du bien social, sur la base d'une connaissance réaliste de la nature biologique de l'homme et du monde biologique [1].

En dépit de cette orientation originelle, la bioéthique va se développer aux États-Unis [2] dans la proximité de l'éthique médicale davantage centrée sur l'individu et à propos de l'expérimentation sur l'être humain. Sa préhistoire proche renvoie au Code de Nuremberg (1946-47) [3] qui définit les conditions de l'expérimentation humaine, dans l'esprit qui est aussi celui de la Déclaration Universelle des Droits de l'Homme (1948), en exigeant :

1) le consentement informé et volontaire du sujet ;

2) le respect de la méthodologie scientifique la plus avancée ;

3) une finalité bénéfique (thérapeutique) et une évaluation des risques encourus par rapport aux bénéfices espérés ;

4) la réversibilité des dommages éventuels.

---

1. « Bioethics, the Science of Survival », *op. cit.*, p. 152.

2. Le lecteur trouvera tous les détails sur les premières années américaines de la bioéthique dans Jonsen A.R., *The Birth of Bioethics,* Oxford University Press, 1998.

3. Il figure dans les attendus du jugement rendu en 1947 par le Tribunal Militaire Américain de Nuremberg condamnant une vingtaine de médecins nazis pour avoir expérimenté sur des prisonniers de façon barbare. Le lecteur trouvera ce texte dans la NEB (*Nouvelle Encyclopédie de Bioéthique,* Hottois G. et Missa J-N. (éd.), Bruxelles, De Boeck, 2001).

L'Association Médicale Mondiale (AMM, fondée en 1947) intègre ces principes dans sa Déclaration d'Helsinki (1964) en soulignant l'importance de l'évaluation scientifique et éthique *collective* des projets de recherche (1975) et la protection des personnes vulnérables (2000)[1]. L'évaluation pluridisciplinaire collective de la recherche biomédicale sur base de critères scientifiques *et* éthiques au sein de comités de la recherche[2] (auxquels tout projet d'expérimentation humaine doit être soumis) constitue une évolution très importante dans la représentation et le fonctionnement de la R&D. Elle est complétée par la reconnaissance des droits du patient soulignant l'autonomie de celui-ci et mettant en question l'autocratie paternaliste traditionnelle du médecin seul juge du bien de son patient. Cette évolution des rapports entre médecine et éthique est compréhensible et justifiée dans la mesure où la biomédecine n'a cessé de développer, au cours de la seconde moitié du XXe siècle, ses capacités d'intervention sur l'être humain (de la conception à la mort, du génome au cerveau) avec des finalités certes préventives, curatives et palliatives, mais aussi transformatrices. Elle s'explique encore par le fait que la médecine est pratiquée désormais dans des sociétés composites, individualistes et multiculturelles, où ne domine plus *une* conception des valeurs et des normes quasi universellement partagée. La bioéthique exprime une évolution suivant laquelle de plus en plus d'acteurs et d'intéressés non médecins ont leur mot à dire sur la « chose médicale » en raison de la portée croissante de celle-ci pour l'individu et pour la

---

1. On trouvera les formulations successives de cette Déclaration capitale, de 1964 à 2000, dans la NEB.

2. Ils apparaissent dès les années 1960 aux États-Unis sous le nom de IRB (Institutional Review Board).

société[1]. Dans ce contexte, il n'est pas exceptionnel que la bioéthique entre en conflit avec une conception plus traditionnelle de l'éthique médicale qui réservait aux seuls médecins le pouvoir de décision et le monopole du discours moral sur les pratiques médicales. Ce discours s'inspirait d'une philosophie, originellement proche de la religion, naturaliste et paternaliste, suivant laquelle le rôle du médecin était, en dernière analyse d'aider la nature à rétablir l'équilibre et l'ordre naturels – la santé – accidentellement perturbés par une maladie ou un accident. La philosophie médicale thérapeutique traditionnelle postule une philosophie de la nature et de la nature humaine qui s'accorde de moins en moins parfaitement avec la biomédecine contemporaine proche de la « biotechnologie appliquée à l'homme » (comme dit John Harris[2]); une biomédecine confrontée à des désirs individuels ou collectifs irréductibles à la notion de « besoins naturels » et influencée par la philosophie évolutionniste néo-darwinienne.

C'est au cours des années 1970 que sont créés, toujours aux États-Unis, les premiers grands centres de bioéthique en même temps que sont établies les premières commissions d'éthique au plan national : le Hastings Center (New York) et le Kennedy Institute of Ethics (Georgetown, Washington D.C.) d'une part, la National Commission for the Protection of Human Subjects of Biomedical and Behavioral Research, d'autre part. Ces entreprises débouchèrent sur la première encyclopédie de

---

1. Songeons à la médecine du travail, du sport, de confort ou de convenance, à l'allocation des ressources rares (organes) ou coûteuses (high tech), à la procréation médicalement assistée sous toutes ses formes, à la gestion médicale des fins de vie, à la psychopharmacologie et aux psychotropes, à la médecine transsexuelle, à l'informatisation des dossiers médicaux, à la télémédecine, aux perspectives eugénistes, etc.

2. Cf. *Clones, Genes and Immortality*, Oxford University Press, 1998.

bioéthique[1] et sur le *Rapport Belmont* qui formule les bases du « principlisme » (*principlism*). Le principlisme constitue l'approche initiale, typiquement américaine, de résolution des problèmes bioéthiques grâce à l'application de principes.

Sa formulation classique en comptera quatre :

1) Principe d'autonomie ;
2) Principe de bienfaisance ;
3) Principe de non malfaisance ;
4) Principe de justice.

Leur conception doit beaucoup à des philosophes tels que T. Beauchamp[2], S. Toulmin[3] et H. T. Engelhardt[4]. Nous y revenons ci-dessous.

La décennie de 1980 marque les débuts de l'internationalisation de la bioéthique, spécialement son développement sur le plan institutionnel en Europe et sous l'impulsion de la France. La France est le premier pays à créer un Comité national permanent : le CCNE (Comité Consultatif National d'Éthique pour les sciences de la vie et de la santé) institué par décret en 1983[5]. Cet exemple sera peu à peu suivi par la plupart des pays européens. Soulignons l'importance de cette création, car il s'agit d'un nouveau type d'institution centrée sur l'éthique, proche mais en principe indépendante des pouvoirs juridique et politique, composée d'experts venus de disciplines très diverses et censée refléter le pluralisme de la société démocratique.

1. Œuvre du Kennedy Institute : Reich W.T. (dir.), *Encyclopedia of Bioethics*, 1978. La seconde édition : New York, Simon and Shuster, 1995.

2. Beauchamp T. L. et Childress J. F., *Principles of Biomedical Ethics*, Oxford University Press, 1989.

3. Jonsen A. R. et Toulmin S., *The Abuse of Casuistry. A History of Moral Reasoning*, Berkeley, University of California Press, 1988.

4. *The Foundations of Bioethics*, Oxford University Press, 1986.

5. Sicard D. (éd.), *Travaux du Comité Consultatif National d'Éthique*, Paris, PUF, 2003.

D'une manière générale, la créativité institutionnelle de la bioéthique est tout à fait remarquable. Elle concerne les universités et les hôpitaux : chaires, maîtrises, doctorats en bioéthique ; fonctions et professions nouvelles comme celles de bioéthicien, d'éthicien ou de consultant en (bio)éthique ; instances nouvelles, principalement les comités d'éthique locaux (comités de la recherche auprès de Facultés et d'hôpitaux universitaires ; comités cliniques débattant de cas médicaux posant un problème éthique non lié à la recherche)[1]. Elle concerne aussi les régions, les États et les organisations supranationales. Dès 1985, le Conseil de l'Europe crée un comité qui devient permanent en 1992 sous le nom de CDBI (Comité Directeur pour la Bioéthique) et dont la réalisation majeure est la *Convention sur les Droits de l'Homme et la Bioéthique* (1997). En 1991, la Commission Européenne crée un comité qui s'appelle aujourd'hui le Groupe Européen pour l'Éthique des Sciences et des Nouvelles Technologies qui publie des avis. En 1993, l'Unesco se dote d'un Comité International de Bioéthique qui rend publique en 1997 sa *Déclaration Universelle sur le Génome Humain et les Droits de l'Homme*[2]. Les années 1990 ont été celles de la mondialisation de la bioéthique et donc de la rencontre par la bioéthique de tous les problèmes associés à la globalisation qui est d'abord celle des biens économiques et des capitaux financiers. Animée par le souci du vivant en général (humain et non humain) la bioéthique est ainsi conduite à affronter des intérêts particuliers pour lesquels ce souci n'est pas prioritaire.

---

1. Bompiani A. *Bioetica ed etica medica nell'Europa occidentale*, Trieste, Proxima Scientific Press, 1997, donne une idée de l'ampleur de cette créativité institutionnelle en Europe. Elle a été au moins aussi féconde dans les Amériques et concerne aujourd'hui le monde entier, développé et en voie de développement.
2. Ces textes figurent dans la NEB.

2. Essai de délimitation thématique
et de définition

Au plan des réalités abordées et des questions posées au sujet de ces réalités, l'étendue de la bioéthique est immense. Qu'on en juge par ce panorama (non exhaustif) articulé en trois grands ensembles qui se recoupent partiellement :

1) Du côté de la nature : espèces et écosystèmes détruits, menacés, perturbés ; biodiversité ; expérimentation sur les animaux ; droits des animaux ; déséquilibres de la biosphère : pollutions, effet de serre, couche d'ozone dégradée ; développement durable et principe de précaution ; organismes génétiquement modifiés (transgenèse, clonage)... Toutes ces questions concernent aussi les humains à des degrés divers, certaines directement, par exemple : aliments génétiquement modifiés, xénogreffe, ...

2) Au plan des personnes : médecine de convenance (de confort, du désir) ; procréation médicalement assistée (de la contraception au clonage) ; expérimentation humaine ; diagnostic, test, conseil génétiques ; euthanasie, soins palliatifs, acharnement thérapeutique ; transplantation d'organes et de tissus ; définition du début et de la fin de la vie humaine ; (in)disponibilité du corps humain, ... Toutes ces questions rebondissent à des degrés divers si on les aborde du point de vue social.

3) Au plan social (et politique, juridique, économique) : politique de la santé et allocation de ressources limitées ; informatisation et bases de données personnelles ; brevetabilité du vivant non humain et humain ; analyser et gérer la perception publique des problèmes, des risques et des promesses ; légiférer ou non sur des questions relevant aussi de la conscience individuelle dans une société pluraliste (depuis les décisions procréatives aux choix de fin de vie) ; réguler strictement par

l'État ou laisser à l'initiative privée l'offre et l'exploitation de techniques biomédicales (par exemple, les tests génétiques); articuler dans le domaine biomédical les exigences non convergentes de la liberté individuelle, des intérêts particuliers, de la solidarité, de la justice et de l'égalité ; Tiers-Monde, inégalité biomédicale planétaire, maladies orphelines,…

Il faut souligner toutefois que l'étendue et la diversité du champ thématique de la bioéthique n'est pas seulement une question de multiplicité d'objets – de la forêt amazonienne aux cellules souches embryonnaires; elle est tout autant une question d'angles d'approche et de disciplines. La bioéthique est constitutivement multi- et inter-disciplinaire; elle a été créée et s'est développée sous l'impulsion de médecins, de biologistes, de théologiens, de philosophes, de juristes, de psychologues, … mais aussi plus récemment de sociologues, de politologues, d'économistes… Cette situation pose des problèmes méthodologiques difficiles sur lesquels nous reviendrons.

La complexité de la bioéthique fait qu'elle comporte des tendances au fractionnement. La *déontologie et l'éthique médicales* centrées sur les rapports entre médecin et patient ont toujours conservé une large indépendance et résisté – comme nous l'avons souligné – à leur intégration au sein de la bioéthique. L'*éco-éthique ou éthique environnementale* s'est, de son côté, rapidement et largement autonomisée et elle a noué des rapports nombreux avec des groupes d'intérêts et de défense (de l'environnement, des animaux, etc.) et des partis politiques (Verts, alter-mondialismes, écopolitique, …). Le *biodroit*, spécialement le biodroit comparé, a acquis sa spécificité à mesure que les lois, conventions, déclarations, etc., se multipliaient aux plans national et international. La *biopolitique* a pris une conscience croissante d'elle-même, car il est devenu de plus en plus clair que poser, élaborer et résoudre les questions bioéthiques ne sont pas des démarches purement scientifico-techniques ou purement éthiques; ces démarches engagent, aussi, d'un bout à l'autre des présupposés et des visées politiques, des choix de société.

Illustrons la complexité de toute question bioéthique par un exemple très simple emprunté à un domaine – la procréation médicalement assistée – qui demeure central : l'IAD (Insémination Artificielle avec Donneur de sperme, généralement anonyme). Nous n'évoquons pas ici la complexité des questions proprement médicales assurant la fiabilité de cette forme de palliation de certaines stérilités. Notons que, dès le départ, des alternatives sont envisageables, telle l'adoption. Le recours à l'IAD est d'emblée un choix moral, psychologique et social, qui ne va pas sans une série de représentations et de valeurs relatives à la famille, à la filiation, aux notions de « parent » et d'« enfant », à l'organisation de la société, etc. Se posent ensuite des questions relatives à la collecte du sperme (don gratuit ou non, anonymat absolu et définitif du donneur ou non [1]; critères de qualité sanitaire [2] du sperme et d'appariement minimal [3]; possibilité ou non de faire intervenir d'autres critères de sélection des donneurs de sperme et de sélection du sperme [4]). Ces questions concernent les banques de sperme et les centres d'insémination qui peuvent être régulés par la loi et soumis à l'agrément officiel ou, au contraire, laissés à l'entre-

---

1. Y aura-t-il ou non pour l'enfant ainsi conçu, lorsqu'il atteindra l'âge adulte, la possibilité matérielle et légale de connaître l'identité de son père biologique ? Question controversée et difficile.

2. Âge, absence de maladie infectieuse transmissible, risques génétiques, ...

3. Au sens où l'on évite que la femme au sein d'un couple européen reçoive le sperme d'un donneur africain, par exemple (ou inversement).

4. Scientifiquement plus ou moins fondés ou non : groupe sanguin, couleur des yeux et des cheveux, taille, poids, appartenance ou réussite sociale, profession, traits de personnalité, etc. Mais aussi, par exemple, l'exigence que le donneur ait eu déjà une expérience parentale et vive en couple.

prise privée dans le cadre du marché et du droit contractuel[1]. Quel est le statut du sperme et, d'une manière plus générale, des cellules germinales humaines : choses, choses abandonnées, biens commercialisables, parties inaliénables du corps humain qui est hors commerce… ? Quelles demandes seront acceptées : exclusivement les couples hétérosexuels (mariés, stables, …), les femmes seules, les couples d'homosexuelles… ? Faut-il ou non révéler à l'enfant qu'il a un père biologique différent de son père social ? L'IAD, nous l'avons déjà noté, ne va pas sans susciter des questions relatives à la définition du couple, de la famille, de la parternité, de la filiation, qui concernent les fondements traditionnels et actuels de la société. Elle modifie des identités individuelles et des modalités de liaison intra- et inter-générationnelles. Ces questions interpellent le sociologue, le psychologue et le psychanalyste, le juriste, le décideur politique. Plus profondément encore, elles suscitent l'interrogation du philosophe et du théologien, tout en heurtant des morales établies. Selon certaines morales qui peuvent être traduites en règles de droit, l'IAD, même avec le consentement du mari, est assimilée à un adultère et l'enfant ainsi conçu est illégitime. Se posent aussi des question de justice, d'égalité et de solidarité : l'État doit-il, et dans quelle mesure, prendre en charge le coût de la procréation médicalement assistée ? Cette prise en charge éventuelle ne concernera-t-elle que les cas de stérilité avérée, ou faut-il l'étendre à d'autres demandes ? Et surtout : le médecin doit-il donner suite à ces dernières ? Si l'on peut comprendre que le médecin pratique l'IAD dans une perspective sinon curative (l'IAD ne guérit pas la stérilité) du moins palliative

---

1. C'est largement le cas aux États-Unis. La France a, au contraire, légiféré dans ce domaine des Cecos (Centres d'étude et de conservation du sperme). Voir Fédération française des centres d'étude et de conservation des œufs et du sperme humains, *L'insémination artificielle*, Paris, Masson, 1991.

qui prolonge la philosophie thérapeutique et naturaliste de la médecine traditionnelle (en l'occurrence, il trouve une voie détournée pour réaliser ce que la nature, par accident, ne permet pas), ne change-t-on pas de philosophie dès lors que l'IAD est mise au service de la reproduction humaine en dehors de tout couple hétérosexuel ? Ne sommes-nous pas ici au seuil d'une médecine artificieuse au service de demandes émanant de désirs individuels ou collectifs qui peuvent paraître contre-nature et qui sont certainement contre-tradition ? Et une fois engagé sur cette voie, qu'est-ce qui empêche de s'aventurer toujours plus avant dans l'artifice : insémination à l'aide du sperme d'un conjoint décédé, fécondation in vitro avec diagnostic préimplantatoire, sélection eugénique d'embryons et choix du sexe, mère porteuse, grossesse post-ménopause, achat d'embryons congelés sélectionnés, reproduction par clonage, … La reproduction humaine apparaît désormais davantage comme une combinatoire de possibilités techniques à la disposition des préférences individuelles ou communautaires que comme la voie unique imposée par la nature.

La bioéthique a pour mission d'étudier toutes ces questions et d'élaborer sinon des réponses, au moins des procédures permettant d'apporter des réponses.

Esquissant une définition qui s'efforce de tenir compte de la complexité, nous proposons de retenir les éléments suivants :

– la bioéthique prend en considération les problèmes à dimension éthique suscités par la R&D biomédicale : « dimension éthique » signifie que ces problèmes suscitent des questions et des discussions relatives à des valeurs et/ou à des normes ; « R&D » dit bien qu'il s'agit de la *recherche* techno-scientifique *et* de l'*usage* de ses résultats et produits dans la société ; en outre, « développement » laisse entendre que les problèmes sont très différents selon que l'on se place dans une société dite «avancée» ou du point de vue d'une société «en voie de développement»[1]; «biomédicale» inclut la médecine, la biologie et la biotechnologie;

– la bioéthique est moins une discipline qu'une pratique multidisciplinaire et interdisciplinaire, idéalement appelée à éclairer tout problème d'une manière multilatérale;

– les problèmes bioéthiques sont posés dans des sociétés elles-mêmes complexes: individualistes, pluralistes, multiculturelles, composées de groupes d'intérêts divers. Au sein d'une société culturellement très homogène et stable, il vaudrait mieux parler de «biomorale». Celle-ci consisterait à juger, du point de vue des valeurs et des normes partagées par tous, les recherches technoscientifiques projetées et les applications proposées. Le Magistère de l'Église catholique romaine s'est ainsi efforcé, depuis quelque cinquante ans, de définir une biomorale à l'usage de la communauté catholique[2]. Soulignons que le fait de poser les problèmes en prenant en considération le milieu très pluriel des sociétés contemporaines n'interdit pas la recherche de consensus, de compromis et d'accords. Mais ajoutons que dans des pays peu ou pas du tout démocratiques et pluralistes, l'introduction du questionnement bioéthique (de prime abord non politique) peut aider à l'avènement d'une société plus démocratique et pluraliste. La bioéthique permet en effet de parler de questions (avortement, euthanasie, OGM…, mais aussi: égalité entre hommes et femmes, justice dans l'allocation des ressources, libertés

1. Certains parlent d'une « bioéthique des pauvres » qui s'adresse au Tiers-Monde et d'une « bioéthique des frontières » qui s'inquiète seulement des problèmes suscités par la recherche *high tech*. Il est clair que les priorités sont très différentes de l'une à l'autre.

2. Voir notamment les Encycliques: *Humanae Vitae* (Paul VI, 1968), *Veritatis Splendor* (Jean-Paul II, 1993), *Evangelium Vitae* (Jean-Paul II, 1995). On trouvera le corpus classique dans Verspieren P. (éd.) *Biologie, médecine et éthique : textes du Magistère catholique*, Paris, Centurion, 1987.

individuelles) interdites d'expression politique, en les présentant sous l'angle de l'interrogation éthique.

– la bioéthique s'efforce de mettre au point des règles, des principes, des procédures et des institutions aidant à l'explicitation et à la résolution des problèmes qu'elle formule.

Une définition courte pourrait être : la bioéthique couvre un ensemble de recherches, de discours et de pratiques, généralement pluridisciplinaires et pluralistes, ayant pour objet de clarifier et, si possible, de résoudre des questions à portée éthique suscitées par la R&D biomédicale et biotechnologique au sein de sociétés caractérisées à des degrés divers comme étant individualistes, multiculturelles et évolutives.

3. LES PROBLÈMES DE MÉTHODOLOGIE

« En bioéthique, la problématique méthodologique se caractérise principalement par sa complexité et son indétermination »[1]. À l'évidence, la méthodologie suivie au sein d'un comité clinique appelé à se pencher sur des cas individuels ne peut être identique à celle d'un comité national ou international invité à dégager si possible des normes générales. Préparer une thèse de doctorat en bioéthique prendra un tour différent selon que le doctorant est philosophe, médecin, théologien ou juriste. Ou bioéthicien : si les experts en bioéthique de la première génération avaient, en effet, nécessairement une formation de base et une expérience professionnelle extérieures à la bioéthique naissante, il n'en va plus de même aujourd'hui alors que des formations et des cursus proprement bioéthiques – en particulier, au niveau de la maîtrise (deuxième cycle universitaire) – se multiplient. Pour

1. NEB, « Méthodologie bioéthique », p. 593.

la première génération, la bioéthique était une activité origi-
nale importante mais marginale. De nos jours, les «(bio)-
éthiciens» professionnels sont de plus en plus nombreux. Il
y a là une évolution qui ne sera pas sans conséquences pour
la question de la méthodologie, bien qu'elle ne devrait pas
entraîner de bouleversement majeur si la bioéthique demeure
le phénomène vivant, diversifié et productif qu'elle a été
depuis trois décennies.

Les indications méthodologiques que nous donnons
ci-dessous sont articulées à partir de la définition que l'on
vient de lire et qui met en évidence la double origine des
problèmes bioéthiques: la R&D technoscientifique et le
multiculturalisme. La R&D crée sans cesse des nouveautés
caractérisées à la fois par une opérativité physique indépendante[1] et par des conséquences et des effets forts, largement imprévisibles, au plan social. Le multiculturalisme
renvoie à la diversité des traditions religieuses, philosophiques
et morales ainsi qu'à la diversité des intérêts particuliers, mais
aussi à l'inégalité et à l'«asynchronie»[2] qui caractérisent de
nombreuses régions du monde. Une innovation technoscientifique diffusée dans la société ne soulève pas un problème ou
une question uniques. La perception des problèmes, les effets
et conséquences, les réactions forment un spectre très étendu
engendré par tous les prismes symboliques qui constituent la

1. Au sens où le fonctionnement et l'efficacité des produits et dispositifs
technoscientifiques ne sont pas ou seulement faiblement dépendants des parti-
cularités psychologiques et culturelles des usagers. Nous n'ignorons pas que
dans le cas des applications médicales cette dépendance peut être beaucoup
plus importante – en raison du métabolisme individuel, des interactions dites
«psychosomatiques», etc. – que pour d'autres domaines technoscientifiques.
Cette dépendance peut à son tour être étudiée technoscientifiquement.

2. Toutes les composantes des sociétés développées et, *a fortiori*, toutes les
composantes de l'humanité prise dans le processus de la mondialisation ne sont
pas dans le «même temps», n'ont pas le même âge. Des croyances et des techniques très anciennes jouxtent des technologies futuristes.

société contemporaine. Songeons à l'un des plus anciens exemples d'innovation biomédicale ayant suscité une problématisation bioéthique : la contraception (la « pilule ») : elle a une efficacité physique autonome ; elle a été perçue et adoptée de manières très diverses par les individus, les couples, les communautés et les États ; elle a eu – et continue d'avoir – des conséquences incalculables sur le statut et le rôle des femmes dans la famille, le milieu professionnel, le monde politique, etc. ; son impact démographique et, donc, économique est très considérable ; elle demeure marginale ou rejetée dans certaines régions du monde et dans certaines communautés …

3.1. *La complexité de la civilisation technoscientifique et multiculturelle : pluridisciplinarité et pluralisme*[1]

La première exigence méthodologique – la plus importante – consiste à *ne pas ignorer la complexité*. Énoncée positivement, elle comporte le double impératif de l'approche pluridisciplinaire et pluraliste des problèmes[2].

Le respect de la *pluridisciplinarité* consiste d'abord dans le respect de la méthodologie propre à chaque discipline et

---

1. De larges passages des sections *La complexité de la civilisation technoscientifique et multiculturelle : pluridisciplinarité et pluralisme*, *Une complexité processuelle et évolutive* et *Une méthodologie pour des nouvelles institutions : les comités de bioéthique* ont été présentés lors d'une conférence dans le cadre du Colloque International « Des comités d'éthique, pour quoi faire ? » organisé à Montevideo par l'Association Internationale Droit, Éthique, Science et par l'Université de la République d'Uruguay en décembre 2003. Les Actes seront publiés ultérieurement.

2. Nous ne nions pas l'intérêt d'analyses unilatérales (par exemple, du point de vue de la théologie catholique, de l'utilitarisme, de la psychanalyse freudienne, du droit comparé, etc.), à condition qu'elles reconnaissent leurs limites et renoncent à toute ambition réductrice. En tant qu'éclairages partiels, de telles analyses constituent des apports indispensables en vue du véritable débat bioéthique.

dans le recours à des experts invités à présenter les faits, les problèmes et, éventuellement, les solutions, tels qu'ils apparaissent de l'intérieur de chacune des disciplines convoquées. La pluridisciplinarité n'est pas une pratique paresseuse : elle exige un effort considérable à la fois de l'expert et des profanes afin d'arriver à une communication transparente qui seule permet d'évaluer l'importance des problèmes et la viabilité des solutions proposées. Une attention particulière devrait être apportée aux désaccords intradisciplinaires, généralement plus patents dans les sciences humaines que dans les sciences naturelles, spécialement lorsqu'il s'agit de spéculer sur les effets et conséquences psychologiques et sociologiques possibles d'une innovation technoscientifique (songeons à tout ce que l'on a pu écrire au sujet du devenir des enfants de la Fivete[1]). La diversité intradisciplinaire interpelle directement la philosophie, qui est tout le contraire d'une discipline unifiée ; nous y reviendrons. En fait, l'existence de désaccords intradisciplinaires manifeste qu'un certain *pluralisme* doit *déjà* être pris en considération *à propos de la multidisciplinarité* spécialement lorsqu'il s'agit de faire appel à des disciplines telles que le droit, la théologie et la philosophie.

Le respect du *pluralisme* s'entend en un double sens. Il y a, d'une part, ce que nous appellerons le pluralisme classique : celui des diverses idéologies, philosophies, religions, traditions morales, présentes dans les sociétés démocratiques[2]. Il y a, d'autre part, un pluralisme qui s'est surtout développé à

---

1. Fécondation *in vitro* et transfert d'embryon. Que n'a-t-on craint à propos des « bébés-éprouvettes », appellation médiatique féconde en fantasmes ? Et que l'on retrouve, pour une large part, aujourd'hui à propos de l'éventualité du clonage humain reproductif.

2. Deux références illustrent ce pluralisme bioéthique : Veatch R. M. (éd.), *Cross Cultural Perspectives in Medical Ethics : Readings*, Boston, Jones and Bartlett, 1989 ; « Bioéthique et Religion », volume thématique du *Journal International de Bioéthique,* N° 12, mars-juin 1998, Éditions A. Lacassagne.

partir de la seconde moitié du XXᵉ siècle : le pluralisme des associations d'intérêts, des ONG[1], des groupes de pressions ou « lobbies ». Ce pluralisme inclut aussi des organisations anciennes dans la tradition des corporations qui défendent le point de vue et les intérêts de certaines professions (tel le corps médical). Les associations d'intérêts sont très nombreuses dans le domaine de la bioéthique : associations de malades, défenseurs des animaux et de leurs « droits », industries pharmaceutiques, agri-business, associations écologistes, associations de consommateurs, associations anti-OGM[2], etc. S'il n'est pas possible de représenter toujours tout le monde, il est impératif de tenir compte de ceux qui sont directement intéressés par une question ; or, il arrive souvent en bioéthique que ceux-ci soient très nombreux et divers (que l'on songe aux aliments génétiquement modifiés ou à la question de l'euthanasie, par exemple). Comme le suggèrent aussi quelques-uns des groupes mentionnés, les intérêts défendus ne sont pas toujours exactement ceux des humains. Dans la tradition utilitariste anglo-saxonne et, plus récemment, dans le cadre de ce que certains nomment « l'écologie politique », l'exigence s'est développée d'une représentation et d'une défense des intérêts des non humains, vivants (les animaux, les végétaux, les espèces dans leur diversité) et non-vivants ou mi-vivants mi-non-vivants (des formations géologiques remarquables, des écosystèmes, des paysages,…). Enfin, un souci de représentation plus global et relatif à l'avenir concernant l'ensemble de la biosphère et les générations futures s'est également développé.

---

1. Organisations Non Gouvernementales telles que Médecins sans frontières, Médecins du monde, Greenpeace, …
2. Organisme Génétiquement Modifié.

3.2. *Une complexité processuelle et évolutive*

La deuxième exigence méthodologique de base est de prendre en compte *l'évolution*. Car la complexité qu'il s'agit de comprendre et de gérer n'est pas simplement structurelle et synchronique ; elle est processuelle et diachronique.

Les sociétés modernes sont évolutives ; un moteur de leur dynamisme est la R&D technoscientifique qui ne cesse de découvrir-inventer des produits, des procédures et des systèmes susceptibles d'affecter en profondeur les mœurs, les rapports de l'individu à soi-même, à l'autre, au groupe, bref l'identité personnelle et le tissu socio-politique. Nous avons évoqué l'impact psycho-social de la contraception et de la procréation médicalement assistée ; songeons, dans un tout autre registre, au développement de l'internet ou encore à toutes les démarches de recherche, de conception, d'expérimentation et de développement, d'invention et de contrôle assistées par ordinateur. Un autre moteur est le désir qui, à l'abri du pluralisme, de l'individualisme et du marché, s'exprime de plus en plus librement et diversement, à l'infini. Pour une fraction de l'humanité dans les sociétés avancées, la réalité – ce qui est le plus intensément réel dans un monde devenu processuel et évolutif – se concentre là où le futur s'invente et à partir d'où il diffuse dans la société. L'articulation de la société globale à ce flux continu d'artifices nouveaux est difficile. C'est d'abord un problème d'égalité et de justice, criant surtout à propos des relations entre pays développés et pays en voie de développement qui n'ont pas accès aux dernières découvertes et inventions, au plan non des désirs artificieux mais des besoins et de la survie, tels les nouveaux médicaments pour lutter contre le sida ou la malaria.

Mais c'est aussi un problème de *rythme*, très sensible au sein même des sociétés développées. Le retard de la morale, du droit, des institutions par rapport à la R&D biomédicale est patent. Le temps nécessaire pour négocier et formuler de nouvelles normes, compte tenu de la multitude hétérogène des intéressés, est tel que lorsqu'elles sont enfin publiées, les nouvelles normes sont déjà dépassées par la R&D. Et la durée indispensable à l'assimilation symbolique, culturelle, proprement morale (évolution des mœurs, des habitudes, des représentations et des valeurs de base), des innovations par la masse des citoyens est encore bien plus longue que le temps nécessaire aux experts qui travaillent à l'élaboration de nouvelles normes. Alors qu'il était encore débattu avec, toutefois, une très forte tendance en faveur de son interdiction absolue, la question du clonage humain a rebondi et a été rouverte dans le cadre des espoirs nés à propos des cellules souches, sous les appellations de «clonage thérapeutique» ou de «transfert nucléaire» (voire de «transfert de cytoplasme»). Les problèmes posés par la gestion d'un monde en évolution accélérée sont immédiatement et concrètement les plus sensibles au plan économique : celui de l'emploi, de la faillite des entreprises et du décrochage professionnel des moins jeunes. Ces problèmes concernent aussi la bioéthique sous l'angle parfois dit «macrobioéthique» : bioéconomie et bio-politique. Depuis quelques années, ils ont cristallisé autour des biotechnologies, spécialement des OGM, par crainte, notamment, de la ruine des agricultures traditionnelles.

L'humanité a toujours été en évolution et elle est un produit de l'évolution naturelle et historique. Mais trois aspects sont nouveaux : le rythme, la profondeur et la conscience. Par profondeur, nous entendons que les changements concernent les structures les plus stables, les moins disponibles, tradition-nellement comprises comme immuables : par exemple, les modalités de la reproduction humaine, l'identité et la sépa-ration des espèces et des règnes. Par conscience, nous voulons dire que l'évolution – le changement – est de plus en plus l'effet délibéré et décidé de l'action humaine, de l'action de quelques-uns qui sont, évidemment, très loin de pouvoir anticiper toutes les conséquences de l'action entreprise. Cette situation milite en faveur de la prudence (d'où l'importance du principe de précaution), qui postule idéalement une décélération, quelquefois consacrée par des moratoires [1]. Une décélération ne devrait pas conduire à la stagnation, ou à la récession. Or, c'est peut-être bien là que le bât blesse : la difficulté du « développement durable », *indéfiniment* durable, car, de plus en plus, nous prenons conscience de ne plus être dans une temporalité de type eschatologique ou utopiste qui anticipait la fin des temps ou de l'histoire (apocalypse ou avènement de la cité idéale) dans un avenir peu éloigné.

La gestion d'un monde processuel et évolutif réclame non le simple remplacement de structures anciennes stables (axiologie, droit, conception du monde, organisation institutionnelle) par des structures nouvelles également stables. Elle exige la capacité d'accompagner et d'assimiler l'évolution permanente : elle implique dès lors des règles et des institutions procédurales, aux conclusions révisables, sensibles au changement empirique des contenus et des contextes. La gestion de la complexité synchronique et diachronique de sociétés technoscientifiques et multiculturelles, ouvertes et évolutives, n'est ni concevable ni opérable sur la base de règles

---

1. L'idée de moratoire a marqué les tout débuts de la bioéthique. Il s'agit du moratoire spontanément décidé et librement consenti, en 1974, par les premiers généticiens expérimentant des transferts de gènes sur la bactérie Escherichia Coli (moratoire dit « d'Asilomar », à l'initiative du généticien Paul Berg). D'autres moratoires ont été imposés par le pouvoir politique sur base de l'avis de comités de bioéthique ou encore directement proposés par un Comité national (par exemple, le moratoire de trois ans sur la recherche sur l'embryon du Comité National français en 1986). Le moratoire est un instrument souple et sage, mais d'un maniement délicat dans un contexte de compétition internationale, qui peut rendre « la prudence imprudente ».

fondamentalistes et essentialistes, caractéristiques des sociétés closes et immobiles. Celles-ci ont une conception métaphysique ou onto-théologique de la réalité, incompatible avec l'idée que le plus réel est « là où le futur s'invente ». Au sein d'une civilisation globale, technoscientifique et multiculturelle, les fondamentalismes ne sont guère acceptables que comme des croyances individuelles ou de communautés.

C'est dans cette perspective qu'il faut comprendre le développement de nouvelles institutions telles que les comités de (bio)éthique sur les problèmes méthodologiques desquels nous allons nous concentrer davantage.

3.3. *Une méthodologie pour de nouvelles institutions : les comités de bioéthique*

3.3.1. *La composition pluridisciplinaire et pluraliste*

Une première règle concerne la *composition des comités* : elle doit être pluridisciplinaire et pluraliste au sens décrit plus haut. L'exigence du pluralisme ne peut, toutefois, pas être abstraite. Que nous sommes dans des sociétés multiculturelles est incontestable. Mais ce fait n'implique pas que le poids accordé à toutes les traditions et communautés morales doive être identique. Une telle égalité reviendrait tout simplement à nier l'histoire qui enseigne que dans une nation ou dans un groupe de nations, telle tradition a été depuis longtemps prépondérante. Le constat et l'affirmation du multiculturalisme ne peuvent être eux-mêmes extra-historiques ou extraculturels. Le pluralisme doit tenir compte de cette inégalité et être modulé en fonction. Néanmoins, ce même pluralisme invite aussi à prendre de la distance par rapport à cette réalité historique singulière et à la faire évoluer dans le sens de la tolérance et de l'égalité.

Les comités nationaux et internationaux ont répondu diversement à l'exigence de la pluridisciplinarité et du pluralisme.

3.3.2. La distinction des genres

La deuxième règle concerne ce que nous appelons la *distinction des genres*. Celle-ci est moins évidente à une époque qui cultive le postmodernisme pour lequel, par exemple, la science n'est qu'un jeu de langage, un récit ou une fiction parmi d'autres – mythes, religions, métaphysiques, littératures. Les « genres » qu'il est, à notre sens, possible et indispensable de distinguer sont : la science, l'éthique, la morale, le droit, la politique.

a) En ce qui concerne la *science*, la méthodologie exige que toute question de bioéthique, née de la R&D biomédicale ou biotechnologique, soit d'abord éclairée du point de vue de l'état des connaissances et des techniques – l'état de l'art – en distinguant ce qui est effectivement faisable (précisant les taux de réussite, la fiabilité, les risques, etc.), ce qui est probablement réalisable et ce qui demeure de l'ordre du fantasme et de la spéculation. Lorsqu'une telle information est apportée d'une manière intelligible et honnête par des experts compétents, une partie des « problèmes » bioéthiques disparaît ou est ramenée à de justes proportions.

b) *La distinction entre morale et éthique* est également importante. Une morale est un ensemble de normes que l'on respecte le plus souvent spontanément, comme de bonnes habitudes ; leur application ne suscite ordinairement nulle réflexion théorique critique susceptible de les remettre fondamentalement en question. L'éthique, plus précisément : la réflexion, l'analyse, la discussion et l'évaluation éthiques, relèvent de ce niveau « méta » de mise en question de morales établies. Nous disons qu'un comité de bioéthique ne doit pas être un comité de biomorale. Nous entendons par là que le comité d'éthique doit être informé (et informer les destinataires de ses conclusions) sur la manière dont les problèmes posés (euthanasie, avortement eugénique après diagnostic prénatal, expérimentation sur l'embryon, OGM, AGM[1], etc.) sont perçus et, éventuellement, résolus du point de vue des diverses communautés et traditions morales ainsi que des associations d'intérêts composant la société. Le véritable travail éthique débute au terme de cette collecte descriptive. L'éthique postule un niveau métamoral de réflexion critique engendré par la nouveauté des questions (par exemple, les tests génétiques) et/ou la diversité des réponses « morales » disponibles (par exemple, les évaluations multiples du statut de l'embryon).

c) *La distinction entre l'éthique et le droit* rappelle que le comité de bioéthique ne peut être un comité de biodroit[2]. L'information juridique du comité est indispensable et il est souhaitable qu'elle soit la plus étendue possible. Il est, par exemple, capital de savoir si dans les principaux pays où se pratique la recherche sur l'embryon humain ou l'expérimentation de cultures transgéniques, ces pratiques sont ou non encadrées par la loi et quels sont les principes à la base de ces cadres légaux là où ils existent. Cette information juridique est révélatrice des valeurs et des normes qui sont en jeu, ainsi que des préoccupations éthiques dominantes. Mais la mission d'un comité de bioéthique n'est pas de préparer des lois. Elle consiste à clarifier une question du point de vue des valeurs et des normes au sein d'une société ou d'un ensemble de nations.

---

1. Aliment Génétiquement Modifié.

2. « *Biolaw* » : appellation de plus en plus répandue et tendant à désigner une spécialisation juridique, souvent à base de droit comparé. Lenoir N. et Mathieu B., *Les normes internationales de la bioéthique*, Paris, PUF, 1998, donne une idée de l'importance prise par le biodroit au plan international.

Au terme de cette clarification, la question tout à fait spécifique relative à l'utilité ou à la nécessité de légiférer peut être posée. Son insistance sera inégale selon que les conclusions de l'analyse éthique auront été unanimes, partiellement consensuelles ou très divisées. Mais la formulation d'un avis éthique même unanime, avec ses raisons (qui ne sont pas, elles, nécessairement unanimes, y compris lorsque l'avis l'est), ne s'identifie pas à la préparation d'un projet de loi. Ce travail-là et la décision de l'entreprendre sont du ressort du politique et du droit. Nous touchons ici à plusieurs questions importantes sur lesquelles un comité de bioéthique devrait observer la plus grande prudence, s'il ne veut introduire quelque confusion dans l'un des piliers de tout État démocratique : la séparation des pouvoirs.

d) *La distinction de l'éthique et du politique* est celle qui soulève le plus de difficultés et ces difficultés varient suivant les nations et les régions du monde. Cette distinction nous apparaît cependant comme particulièrement importante, si l'on ne veut pas risquer de réintroduire, de manière peu visible, la confusion pré-démocratique entre les Églises et les États. Par « politique », nous entendons celle qui se fait au sein des partis dont la visée est la prise – par hypothèse démocratique – du pouvoir, et celle qui se fait au sein des gouvernements démocratiquement élus.

L'autorité – ne disons pas le pouvoir, car il n'en a pas – d'un comité d'éthique est spéciale et pas toujours bien définie. Ce vague s'exprime, par exemple, dans le surnom populaire qu'on lui accorde quelquefois de « comité des sages ». Un comité d'éthique est en réalité un comité d'experts, non démocratiquement élus, mis en place par des mécanismes de désignation complexes définis par le politique, et jouissant cependant, en principe, d'une large indépendance par rapport à celui-ci, indépendance qui permet à chaque membre de s'exprimer librement en conscience. L'hétérogénéité des disciplines et des intérêts entraîne toutefois qu'il s'agit d'un comité d'experts très spécial, car ses membres n'ont en commun qu'une certaine familiarité avec certaines questions à dimension éthique nées de la R&D biomédicale. Les seules vertus communes sont cette sensibilité et cet intérêt éthiques. Mais l'exigence pluraliste entraîne que la qualité et le contenu en sont différents d'un membre à l'autre. Etant donné ces différences et le type de questions soulevées qui touchent directement ou indirectement aux croyances et aux présupposés – religieux, philosophiques – les plus profonds (sens de la vie, définition de l'homme, statut de la nature, idéal de société, etc.), il est normal que les conclusions d'un comité d'éthique ne soient pas toujours unanimes. L'humanité ne s'est jamais accordée sur les réponses à apporter à la condition humaine ainsi que le montre, à l'évidence, l'histoire des religions, des philosophies et des morales. L'unanimité ou le consensus proclamés par un «comité de sages» semble dès lors revêtir une portée tout à fait particulière. Semblable accord n'exprime pas la prépondérance circonstancielle d'une position sur une autre, à la manière d'une opinion politiquement majoritaire, susceptible d'être renversée ultérieurement et n'entraînant pas la condamnation morale des minorités. Le prononcé unanime des sages voue, de son autorité morale prétendument universelle (puisque toutes les sensibilités sont idéalement représentées), toutes les autres opinions à l'enfer du faux et du mal. Plusieurs acteurs, surtout aux débuts de la bioéthique, ont investi ces nouvelles institutions que sont les comités de bioéthique nationaux et internationaux, d'attentes allant dans le sens de la production de normes universelles et définitives, autrement fondées que les lois d'un État démocratique. Ces attentes étaient autant celles de certaines fractions du monde politique et juridique que celles de philosophes ou de théologiens, soudainement investis d'une autorité proche du pouvoir politique. Le risque de récupération des comités de bioéthique en comités de morale instruments d'un pouvoir théocratique ou idéologique et totalitaire demeure une réalité dans de nombreux pays aux institutions démocratiques pluralistes fragiles ou inexistantes. Ce risque n'est pas entièrement absent des démocraties occidentales. Plus prosaïquement, la production d'accords et de consensus éthiques facilite la tâche des acteurs politiques, dans la mesure où ils offrent une base univoque en vue de décisions à prendre, de lois à élaborer, dans des domaines où l'opinion est particulièrement sensible. Certains comités d'éthique ont été institués davantage que d'autres comme une étape préparatoire au sein d'un processus de décision politico-juridique. Or, la séparation du politique et de l'éthique exige que même dans le cas d'un avis éthique unanime, la décision de légiférer demeure une question à part entière, à discuter au sein des institutions démocratiques ordinaires (partis, parlements, gouvernements, commissions, etc.). La question – faut-il ou non légiférer? – est particulièrement délicate lorsque les avis éthiques ne sont pas convergents. Car légiférer dans cette situation revient clairement à faire bénéficier *une* position morale de la force publique. Le comité d'éthique n'a pas à entrer dans ce débat proprement politique, puisque le caractère majoritaire d'une opinion n'est pas un critère de légitimité ou de supériorité morale. S'il n'y a pas unanimité, si plusieurs positions subsistent au terme des débats et après explicitation de leurs « raisons » particulières, le comité d'éthique en tant que tel doit souhaiter que le débat se poursuive. Le monde politique peut, de son côté, connaître des opportunités, des pressions et des urgences, qui le conduisent à vouloir trancher. Dans ce cas, l'avis multiple du comité constituera non seulement une bonne base pour engager le débat politique, mais aussi un rappel permanent du fait que pour des raisons également éthiques, des minorités ne pensaient pas comme la majorité qui imposera politiquement ses valeurs, ses normes et ses raisons.

Nous ne voulons pas dire qu'en cas de dissension éthique, mieux vaut nécessairement ne pas légiférer. L'absence de législation publique en cas de désaccord éthique a pour conséquence d'abandonner la question non décidée au jugement des individus, des communautés et des puissances privées. Comme il s'agit de questions graves (euthanasie, tests et diagnostics génétiques, dopage, expérimentation sur l'être humain, fichage de données personnelles, procréation assistée, transgenèse végétale et animale, eugénisme, etc.), leur disparition de la scène publique peut avoir des conséquences également graves et rendre possibles des comportements indifférents ou contraires à toute considération éthique dans le secret des « sphères et des espaces privés ». Il est moralement et socialement (voire politiquement) périlleux de faire comme si privatiser les questions revenait à les déproblématiser définitivement. Le plus important est, qu'avec ou sans législation, un débat large et public puisse se poursuivre au plan des valeurs et des normes, des conceptions du monde et de l'homme. Une civilisation complexe et évolutive réclame une vigilance, un accompagnement réflexif critique, multiple et continué, permettant de surveiller et de réviser périodiquement les modes de régulations techniques et symboliques. Cette exigence ne va pas sans une transparence et une communication propres à empêcher que des sphères non publiques ne deviennent les refuges opaques de l'inavouable.

3.3.3. *Les procédures de conclusion*

La troisième règle concerne les procédures de conclusion.

La plupart des comités d'éthique ont pour mission de remettre des conclusions sous forme d'avis dans un délai

variable. Ce délai est plus ou moins généreux et élastique selon
que le comité est plus ou moins étroitement associé à un
processus aboutissant normalement à une prise de décision
politique ou législative. Le délai est important, car il peut
influer sur la procédure et sur les modalités de conclusion. La
procédure du vote à la majorité après une information et une
discussion limitées permet de conclure aisément et rapidement. Mais elle apparaît, en général, comme peu éthique,
surtout si elle ne permet pas aux minorités de faire figurer,
d'une manière explicite et argumentée, leurs avis divergents
parmi les conclusions. La plupart des comités s'efforcent de
cultiver une méthodologie du *consensus*. Elle se distingue
d'une méthodologie de simple explicitation des diverses
positions, argumentations et objections, pour laquelle le
consensus ne constitue pas une visée. La méthodologie que
nous défendons est intermédiaire entre la simple explicitation
et la visée contraignante de consensus. La première est insatisfaisante dans la mesure où elle tend à rendre le comité inutile.
La fonction majeure d'un comité pluridisciplinaire et pluraliste est d'encourager la discussion, la confrontation des points
de vue, dont l'effet attendu est un enrichissement mutuel et une
évolution des positions respectives. Un comité au sein duquel
les membres se contentent de juxtaposer les monologues de
leur expertise et de leurs convictions n'a guère de raison d'être.
Il faut éviter ce que nous appelons le *dissensus paresseux* : il
consiste à ne pas engager vraiment la discussion interdisciplinaire et pluraliste, à se contenter d'exposer et d'expliciter
chaque position avec ses présupposés et arguments majeurs,
sous prétexte que le pluralisme, c'est le respect de la diversité,
la liberté de croire, de penser et de s'exprimer chacun pour soi
ou au nom de sa communauté ou tradition. Une telle méthodologie, « postmoderne », individualiste et communautarienne à
l'extrême, est en porte-à-faux par rapport à la vocation *éthique*

du comité. Celui-ci ne peut être établi à partir du postulat que les questions qu'il traite ne sont qu'affaire de goût personnel. Si un comité d'éthique doit se garder de devenir un comité de morale, il doit également craindre de verser dans une sorte d'esthétisme, se contentant de refléter la diversité des cultures et des individualités au nom du droit à l'autonomie et à la différence. Il est donc capital qu'un comité d'éthique engage vraiment la discussion et exprime, dirions-nous, une *préférence pour le consensus*. Cette préférence est l'expression de sa nature «éthique» : dans ce mot (comme dans le mot morale), il y a la référence à ce qui est commun, à ce qui unit et rend possible la vie sociale. La visée de consensus, l'idée qu'il vaut mieux s'entendre que s'ignorer ou s'opposer, est méthodologiquement prévalente en éthique. Mais à la condition expresse que l'accord soit librement et consciemment accepté. Le danger symétrique de celui du dissensus paresseux qui perd de vue toute visée de l'entente, est le *consensus forcé*. Ce risque est d'autant plus grand que le comité d'éthique se trouve étroitement inséré dans un processus de décision politique. Il est, bien sûr, dépendant d'une foule de facteurs contingents qui vont de la composition du comité et de la personnalité du président à la pugnacité des membres et au délai accordé.

Une pratique qui facilite la production de consensus est le *pragmatisme*. Il consiste en l'occurrence (1) à écarter du débat les points sur lesquels l'accord est, en tous cas provisoirement, impossible, et (2) à formuler les consensus sans exiger en outre l'accord sur toutes les raisons qui les justifient, car ces raisons ne sont pas obligatoirement convergentes. Le consensus pragmatique qui permet de conclure et, éventuellement, de décider et d'agir ne réclame pas la formulation explicite de toutes les raisons qui l'étayent. On peut vouloir dépénaliser l'euthanasie par compassion, par souci de clarté juridique et de reconnaissance en droit de situations de fait, pour des raisons philosophiques de respect de l'autonomie individuelle, sur base de motivations économiques, par angoisse face à l'impuissance de la médecine, par aversion morale pour l'hypocrisie et le non-dit, etc. On peut rejeter la transgenèse pour des raisons métaphysiques ou théologiques de respect de l'ordre naturel ou divin, parce que les espèces constituent des « valeurs en soi » ou par crainte de déséquilibrer les éco-systèmes et la biodiversité, ou par compassion à l'égard de la souffrance animale engendrée, ou par respect de la dignité de l'animal, ou parce qu'il y a des filières de R&D davantage porteuses d'avenir, ou parce que le consommateur ne sera pas assez informé, ou parce que l'on a peur qu'il n'y ait des gènes de porc dans le bœuf ou des gènes de bœuf dans les tomates, ou encore parce qu'on voit la transgenèse animale comme préparatoire à la transgenèse humaine, etc. On peut interdire le clonage reproductif humain parce qu'il n'est techno-scientifiquement pas sérieusement envisageable aujourd'hui ou parce qu'il est synonyme d'une horreur onto-théologique concernant l'image de l'homme …

Les consensus pragmatiques sont extrêmement précieux et même indispensables dans nos sociétés complexes si l'on veut instituer des règles opératoires communes *tout en préservant la liberté de penser et la diversité des croyances*. Ils garan-tissent aussi la possibilité de rouvrir le débat : un accord pragmatique est sans commune mesure avec un dogme essentialiste ou une norme fondamentaliste, qui veut réguler non seulement les comportements mais encore la pensée.

4. PHILOSOPHIE ET BIOÉTHIQUE

4.1. *Immanence et spécificité de la philosophie*

Avec la bioéthique, le philosophe est invité à faire l'expérience concrète de l'immanence de la philosophie. Dans une discussion authentiquement pluridisciplinaire et pluraliste, sur des questions dont de nombreux aspects sont irréductiblement empiriques, la philosophie n'est qu'une voix parmi d'autres, une voix non privilégiée. Une voix d'ailleurs immédiatement problématique à elle-même, car tout philosophe sait que la philosophie n'est pas une, qu'elle est foncièrement critique et polémique, et qu'il est abusif de parler au nom de *la* philosophie. Tout philosophe devrait, en tous cas, reconnaître l'existence factuelle, aussi ancienne que la philosophie elle-même, de désaccords insurmontés, par exemple entre les partisans de l'unité et de l'universalisme et ceux de la multiplicité et du contextualisme. Semblable divergence se retrouve encore au cœur de la philosophie et de l'éthique contemporaines de la discussion qui contribuent à offrir un cadre procédural pour la pratique de la bioéthique. Nous y reviendrons.

De prime abord, le philosophe pourrait croire justifiée sa prétention à occuper au sein du débat bioéthique une place privilégiée. Ne s'agit-il pas d'éthique, et l'éthique n'est-elle pas une des principales disciplines philosophiques? Mais comme la composition des comités de bioéthique le rend manifeste, la philosophie n'a pas le monopole de l'éthique: celle-ci relève également des traditions religieuses, théologiques, juridiques et médicales. L'histoire apprend que la bioéthique fut d'abord davantage une création de théologiens [1]. En outre, pas plus qu'il n'y a *la* philosophie, n'y a-t-il

---

1. Voir Jonsen, 1998, p. 34 *sq.*

*l'*éthique. Les traditions et théories de philosophie morale présentes en bioéthique sont nombreuses et divergentes.

Enfin, les questions bioéthiques dépassent le cadre de l'éthique et de la philosophie morale *stricto sensu* : elles relèvent tout autant de l'anthropologie philosophique, de la philosophie sociale et politique, de la philosophie de la nature et de la métaphysique, toutes multiples. Hans Jonas, l'un des premiers philosophes à intervenir dans le débat bioéthique illustre parfaitement la situation : son horizon est théologique, l'éthique qu'il élabore débouche dans une philosophie politique et s'enracine dans une anthropologie philosophique elle-même fondée sur une philosophie de la nature et une métaphysique [1]. Cet exemple montre que la bioéthique ou certaines interrogations bioéthiques peuvent être le point de départ de réflexions et de constructions philosophiques théoriques, spéculatives et systématiques. Mais ce n'est pas en ce sens que la bioéthique constitue un défi original pour les philosophes, même si c'est bien ainsi que quelques philosophes – ayant la prétention de faire de la « vraie philosophie » – continuent de l'aborder [2].

Si la compétence du philosophe dans le domaine de l'éthique n'exprime qu'une spécificité dépourvue d'unité qu'il doit partager avec les non philosophes, sa compétence dans le maniement et l'articulation des concepts les plus généraux, son expertise dans le domaine de l'explicitation des présupposés et des finalités, son entraînement dialectique à

---

1. Jonas, 1979, *op. cit.* Voir Hottois G. (éd.) *Aux fondements d'une éthique contemporaine : H. Jonas et H.T. Engelhardt*, Paris, Vrin, 1993 ; Hottois G. et Pinsart M.-G. (éd.), *Hans Jonas. Nature et responsabilité*, Paris, Vrin, 1993 ; ainsi que Frogneux N., *Hans Jonas ou la vie dans le monde*, Bruxelles, De Boeck, 2001 ; Pinsart M.-G., *Jonas et la liberté. Dimensions théologiques, ontologiques, éthiques et politiques*, Paris, Vrin, 2002.

2. Soulignons que Hans Jonas a aussi abordé les questions bioéthiques d'une manière pratique et plus concrète dans *Technik, Medezin und Ethik. Praxis des Prinzips Verantwortung*, Frankfurt am Main, Suhrkamp, 1985.

formuler les arguments et les objections, son goût pour la réflexion critique poursuivie radicalement, devraient normalement le conduire à occuper une place *unique en son genre* dans le débat bioéthique. Cette fonction est plus formelle que substantielle : un rôle de *vigilance logique et méthodologique*. Le philosophe peut aider à l'analyse et à la formulation des présuppositions, très souvent implicites et même inconscientes, des divers discours ; il peut aider à la clarification systématique de certains concepts en explicitant leurs diverses acceptions, à l'établissement des arguments et des contre-arguments ainsi qu'à la mise en évidence des incohérences ; il peut aider à dégager les points de consensus et les questions irréductiblement conflictuelles parce qu'elles renvoient à des concepts, des présupposés et des valeurs de base inconciliables. Il peut veiller à ce que tous les points de vue puissent s'exprimer, veiller à ce que les objections soient prises en considération même si elles sont très minoritaires. Il peut rappeler aussi que pour beaucoup de questions ayant une portée éthique, la discussion n'atteint jamais une conclusion définitive, car les interrogations renvoient à des conceptions de l'être humain, de son origine et de ses fins, à des représentations du monde, de la nature et du temps, à des vues sur la société et sur l'histoire, inconciliables. Il peut enfin aider à montrer que cette irréductible multiplicité théorique ne constitue pas un empêchement automatique à la conclusion d'accords contextuels et pragmatiques. Ce faisant, le philosophe préserve utilement au moins la forme des anciens privilèges qui plaçaient la philosophie dans une position de surplomb critique par rapport aux autres discours.

4.2. *Les ressources diverses de la philosophie morale*

La bioéthique puise abondamment dans les éthiques théoriques et pratiques de l'histoire de la philosophie. Elle

s'est aussi efforcée de construire sa propre théorie : le principlisme. Nous présentons d'abord celui-ci ; ensuite, nous illus-
trerons quelques ressources plus traditionnelles actualisées ;
nous terminerons par l'éthique procédurale qui associe le
souci moral et le souci méthodologique du philosophe.

4.2.1. *Le principlisme*

« Principlisme » est un anglicisme (*principlism*)[1]
désignant un ensemble de principes éthiques minimaux
universellement acceptables destinés à guider la solution de
conflits survenant dans la pratique biomédicale en milieu
pluriethnique. Le principlisme est une approche typiquement
américaine indissociable de l'essor de la bioéthique jusque
vers la fin des années 1980 lorsqu'il devint l'objet de critiques
croissantes. Le contexte de sa conception est la société américaine muticulturelle (communautarisme) et individualiste,
ainsi qu'une pratique médicale de plus en plus technologique[2]
et contractualiste[3], en rupture avec le parternalisme dominant
dans l'éthique médicale traditionnelle. Le principlisme répond
à la demande de règles simples et claires guidant la prise
de décision en milieu pluraliste. Sa première expression est
le *Rapport Belmont* (1978-1979)[4] qui ne retient que trois

1. Certains préfèrent « principalisme ».
2. Expérimentale et élargissant le possible (greffe d'organes, vie pro-
longée, procréation médicalement assistée, psychotropes, tests prédictifs, etc.),
à condition d'y mettre le prix.
3. Au sens où la relation médecin-patient constitue un contrat également
défini par les deux parties, et non plus un rapport inégal et implicite où le patient
s'abandonne aveuglément à la compétence et à la décision du médecin supposé
ne vouloir et ne faire que ce qui est le mieux pour son patient.
4. De « Belmont House », lieu des réunions. Le rapport fut d'abord publié
dans le *Federal Register*, Washington D.C., avril 1979. Son origine est dans les
travaux de la première commission nationale d'éthique déjà conçue dans un
sens pluraliste : la National Commission for the Protection of Human Subjects
of Biomedical and Behavioral Research (1974-1978), voulue par le Gouver-

principes (respect des personnes, bienfaisance et justice); la mouture classique est celle de Beauchamp et Childress (1979), *Principles of Biomedical Ethics*[1], avec les quatre principes : autonomie (PA), bienfaisance (PB), non-malfaisance (PNM), justice (PJ)[2].

Voici une présentation sommaire de ces principes.

a) Le PA affirme que le patient est une personne libre de décider de son propre bien et que celui-ci ne peut lui être imposé contre sa volonté en faisant usage de la force ou en profitant de son ignorance. Le PA constitue le fondement de la règle du consentement libre et informé. Il entre en conflit avec le paternalisme, bien qu'il n'empêche pas le patient de s'en remettre volontairement à son médecin. Philosophiquement, il est souvent introduit dans le sillage de la morale kantienne du respect de la personne et associé à la défense de la liberté individuelle de John Stuart Mill. Il est présenté cependant comme moralement « neutre » ou « formel », c'est-à-dire n'engageant aucune conception particulière du bien.

b) Le PB concerne les conceptions substantielles du bien. L'agir éthique ne postule pas seulement le respect de la liberté de l'autre ; il comporte la visée du bien. Comme ces visées sont multiples, dépendantes des individus et des communautés, le PB doit être subordonné au PA. Ce n'est plus la traditionnelle

nement américain suite à la révélation scandaleuse d'expérimentations biomédicales sur des personnes non consentantes. Le Kennedy Institute of Ethics (Georgetown, Washington D.C.) a joué un rôle très important dans l'imposition du principlisme classique.

1. Oxford University Press, 5ᵉ éd. 2001.

2. À souligner aussi le rôle de la première édition de l'ouvrage de Engelhardt, *The Foundations of Bioethics*, Oxford University Press, 1986. La seconde édition (1996) rebaptise le principe d'autonomie « principe de permission », après la condamnation des morales de l'autonomie par l'Encyclique *Veritatis Splendor* (1993).

« règle d'or »[1] qui s'applique, mais une règle telle que : « Fais à autrui ce qu'il veut qu'on lui fasse ». Le paternalisme médical traditionnel apparaît dès lors comme une éthique relevant de visées de bienfaisance qui ne respectent pas le primat du PA.

c) Le PNM rappelle un aspect de l'éthique médicale traditionnelle remontant jusqu'au corpus hippocratique : le fameux « *primum non nocere* » (« avant tout ne pas nuire »). Mais il le relativise en l'actualisant : la volonté du patient ne doit pas être suivie par le médecin si celui-ci la juge contraire à sa propre éthique. Celle-ci coïncide le plus souvent avec la bonne pratique médicale qui enjoint au médecin de donner au patient les meilleurs soins prescrits par l'état de l'art. Mais la position morale du médecin s'inspire aussi de conceptions philosophiques ou religieuses que ses patients ne partagent pas : si un médecin estime contre sa conscience de pratiquer un avortement ou une IAD[2], le PNM l'autorise à opposer un refus à cette demande. Au sein d'une société suffisamment plurielle, transparente et riche, la patiente pourra s'adresser à un confrère plus libéral.

d) Avec le PJ, on entre dans le domaine de la philosophie sociale et politique : il s'agit de réguler la distribution ou l'allocation de moyens et de ressources limités, insuffisants pour la satisfaction de tous les besoins et de toutes les demandes. Ces problèmes se posent au niveau local (listes d'attente pour les greffes d'organes ou pour l'accès à des technologies coûteuses) et au niveau global (répartition des budgets de la politique de la santé). Les réponses apportées en termes de justice distributive recourent à des critères multiples (âge, gravité, espérance de vie, ressources économiques,…) et oscillent entre les tendances libérales, utilitaristes et socialistes.

---

1. « Fais à autrui ce que tu voudrais qu'il te fît » et « Ne fais pas à autrui ce que tu ne voudrais pas qu'il te fît ».

2. Insémination Artificielle (avec le sperme) d'un Donneur.

Des critiques souvent adressées au principlisme se concentrent soit autour du caractère idéaliste des principes qui seraient d'une aide très faible pour éclairer les décisions à prendre dans des situations concrètes complexes, soit autour du statut privilégié du PA. Celui-ci postulerait une sorte de patient idéal : conscient, informé, libre, éduqué à l'occidentale, capable et désireux de prendre son destin en mains et subissant peu de contraintes contextuelles. Or, le patient réel est surtout caractérisé par des limites, des dépendances et des servitudes, durables ou temporaires, associées à sa culture, son éducation, sa situation familiale et professionnelle, son état psychologique, ses ressources économiques … Considérer n'importe quel adulte comme autonome et capable de donner son consentement libre et informé est une illusion dangereuse susceptible d'entraîner autant sinon plus d'abus que l'autoritarisme paternaliste. Le concept formel d'autonomie inviterait à semblable simplification. Seule une conception substantielle du PA énonçant non un universel postulat d'autonomie des personnes, mais un impératif moral qui enjoint au médecin non seulement de respecter la volonté de son patient mais encore de cultiver et de développer l'autonomie de celui-ci, pourrait être moralement satisfaisant. Mais, du même coup, le PA ne serait que l'expression d'un PB déterminé affirmant que faire le bien, agir moralement, consiste d'abord à respecter et à cultiver l'autonomie en chaque individu, c'est-à-dire la capacité à décider consciemment, rationnellement et volontairement soi-même, sans se soumettre à l'influence d'autrui ni subir celle de sa nature (tempérament, passions, sensibilité ; croyances, craintes et espoirs irrationnels). Semblable conception du PA relèverait de la morale kantienne, qui ne va pas sans un nombre considérable de présupposés substantiels, en dépit de son formalisme proclamé.

Si le principlisme classique comporte seulement quatre principes, la bioéthique n'a cessé d'inventer ou de redécouvrir d'autres principes tout au long de son histoire. Citons les principes de dignité, de sacralité de la vie, de scientificité (« ce qui n'est pas scientifique n'est pas éthique »), de sécurité (*safety* : absence de conséquences, d'effets marginaux ou de risques physiquement dommageables), de proportionnalité (avantages ou bénéfices / inconvénients, risques, coûts), de vulnérabilité (une plus grande vulnérabilité exige une plus grande protection), de précaution, du développement durable, des trois R (Remplacement, Réduction, (R)affinement : à propos de l'expérimentation sur les animaux), … [1].

4.2.2. *Ressources traditionnelles et actualisées*

Elles sont nombreuses et notre présentation n'est qu'indicative ; nous nous limitons à l'évocation des traditions de philosophie morale le plus souvent sollicitées dans la littérature : aristotélisme, casuistique, kantisme, utilitarisme, droits de l'homme.

1) *Néo-aristotélisme* [2]. L'influence de la philosophie aristotélicienne – morale, théorie de la connaissance, philosophie de la nature – est diffuse et considérable, tantôt directe tantôt indirecte via des approches aussi religieuses (néo-thomisme, casuistique) de la bioéthique. Deux thèmes retiennent l'attention : la reconnaissance de la praxis et l'affirmation du finalisme.

La première s'inscrit au sein de la distinction ontologique entre deux niveaux de réalité : le réel nécessaire, immuable, essentiel, auquel l'homme ne peut nouer qu'un rapport

---

1. Le lecteur trouvera des entrées expliquant ces principes dans la NEB.

2. Cf. Voyer G., *Qu'est-ce que l'éthique clinique ? Essai philosophique sur l'éthique clinique conçue comme réactualisation de l'éthique aristotélicienne*, Québec, Artel-Fides, 1996.

théorétique source d'une science apodictiquement vraie; la réalité contingente, changeante, au sein de laquelle l'homme noue des rapports actifs de deux espèces: la *praxis* et la *poiesis*. La *praxis*, c'est l'action, individuelle et collective (politique). Son but est le bien, ultimement le bonheur. Ce but n'est pas extérieur à la praxis: le bien, c'est le bien agir, la pratique de la vie bonne, l'action vertueuse. La praxis est guidée par un savoir incertain venu de l'expérience associée à une qualité intellectuelle: la prudence (la *phronesis*). La prudence habilite à juger et à décider après délibération suivant la règle appropriée à la situation particulière dans laquelle il faut, à chaque fois, agir. La prudence caractérise, par excellence, la raison pratique. La *poiesis* est l'action productive, visant un résultat qui demeure une fois l'action terminée; son but est le produit bien fait (au sens de « fabriqué »); elle est guidée par un savoir également incertain: la technique (la *technè*). La technique et ses produits sont moralement neutres: la praxis en fera un bon ou un mauvais usage.

Le critique observe que les distinctions aristotéliciennes de base entre réalité essentielle immuable et réalité contingente modifiable, entre savoir certain définitif et savoir plus ou moins probable, entre science théorique et savoir technique, entre action et technique, ainsi que la thèse de la neutralité de la technique sont difficilement défendables et peu éclairantes dans les contextes S-T-S (Sciences-Techniques-Sociétés) contemporains.

Le finalisme essentialiste de la philosophie de la nature et de la métaphysique aristotéliciennes est, à maints égards, fort éloigné de l'évolutionnisme dominant la philosophie de la biologie contemporaine. De même que dans le cas de ses nombreuses autres références à des philosophes classiques (Kant, par exemple), la bioéthique a tendance à faire un usage superficiel de quelques notions aristotéliciennes en les détachant du système conceptuel global qui leur accordait toute leur richesse sémantique et philosophique. La notion de prudence est souvent sollicitée de cette manière, en association avec le Principe de Précaution ou dans le cadre de l'éthique clinique.

2) *L'inspiration kantienne.* L'éthique kantienne est régulièrement évoquée à l'appui des principes d'autonomie et de dignité de la personne[1]. La dignité de la personne humaine tient dans sa nature d'être spirituel incarné, rationnel et libre. La dignité signifie que la personne n'a pas de prix et ne peut, sous aucune condition, être considérée comme un simple instrument. Elle exclut toute commercialisation même très partielle du corps humain. L'intérêt de l'éthique kantienne tient encore dans la portée inconditionnelle et universelle de l'impératif catégorique qui l'exprime formellement[2].

La référence à Kant illustre, comme pour Aristote, les limites philosophiques de la théorisation bioéthique. Si les bioéthiciens puisent volontiers dans l'éthique kantienne l'un ou l'autre aspect à l'appui de la position qu'ils défendent, ils ignorent l'essentiel du reste de la philosophie kantienne plus difficile à comprendre et à accepter : l'idéalisme, le transcendantalisme, le dualisme, les croyances raisonnables en l'âme substantielle et individuelle, la vie éternelle et l'existence de Dieu. La notion d'autonomie est entendue de façon superficielle, voire caricaturale. Loin de désigner la synthèse idéale de la raison et de la volonté, elle est souvent réduite à la

---

1. Par exemple Hansson M. G., *Human Dignity and Animal Well-being : A Kantian Contribution to Biomedical Ethics*, Uppsala, Almqvist & Wiksell, 1991.

2. Pour rappel, voici deux formulations de l'impératif catégorique : « Agis de telle sorte que la maxime de ta volonté puisse toujours valoir en même temps comme principe d'une législation universelle. » (*Critique de la raison pratique*) ; « Agis de telle sorte que tu traites l'humanité aussi bien dans ta personne que dans la personne d'autrui toujours en même temps comme une fin, et jamais simplement comme un moyen. » (*Fondements de la métaphysique des mœurs*).

reconnaissance des libertés individuelles mal distinguées de désirs subjectifs et arbitraires, des désirs coupés de toute référence à la raison universelle.

L'impératif catégorique a été régulièrement dénoncé comme inapplicable. Mais Kant a développé toute une théorie des règles intermédiaires entre l'universalité formelle de l'impératif et les conditions concrètes particulières de son application qui exige la capacité de juger[1]. Plus fondamentalement, c'est aussi la nature déontologique de l'éthique kantienne qui est critiquée. Elle est, en effet, une éthique du respect du devoir, une éthique pour laquelle seule importe l'intention qui gouverne l'action. La considération des conséquences de l'action est secondaire ; elles sont abandonnées à l'imprévisibilité de l'avenir ou à la providence divine.

3) *Casuistique*[2]. Historiquement, la casuistique relève de la théologie morale catholique qui se développe à partir du XIIIᵉ siècle. La casuistique ne rejette pas les principes théoriques, mais souligne la nécessité de tenir compte des circonstances particulières lorsqu'on les applique dans un monde très imparfait. Dans la vie réelle, le cas concret est rarement l'instance simple d'une règle générale univoque qui s'appliquerait mécaniquement. La complexité du concret fait que des règles et des valeurs divergentes entrent en conflit de telle sorte que l'interprétation et la décision sont moralement incertaines et controversées ; elles prennent plus ou moins de libertés avec les principes. C'est pourquoi le cas devient « cas

---

1. Voir NEB, « *Kantienne (éthique)* ».
2. Voir Jonsen A. R. et Toulmin S., *The Abuse of Casuistry. A History of Moral Reasoning*, Berkeley, University of California Press, 1988. Cet ouvrage éclaire également les liens entre les approches casuistiques et l'éthique aristotélicienne. Thomasma D. C. et Marshall P. A., *Clinical Medical Ethics Cases and Readings*, Lanham, University Press of America, 1995 ; Thiel M.-J. et Thévenot X., *Pratiquer l'analyse éthique. Etudier un cas. Examiner un texte*. Paris, Le Cerf, 1999.

de conscience ». Depuis longtemps [1], la casuistique a aussi été critiquée comme conduisant au laxisme, à l'opportunisme, au relativisme, bref à l'abandon de toute norme et de toute valeur ainsi que de toute hiérarchie normative et axiologique générales et permanentes. Elle servirait le plus habile et déboucherait sur le jeu arbitraire des intérêts et des forces. En bioéthique, le courant casuistique s'est développé en opposition ou en complément au principlisme. Les ouvrages présentant des analyses de cas sont nombreux dans le monde anglo-saxon. Ils ont une portée didactique de formation à la prise de décision, spécialement dans le cadre de la pratique clinique. Sans faire l'impasse sur l'information scientifico-technique, juridique et déontologique applicable au cas considéré, la casuistique raisonne surtout par analogie à partir de cas paradigmatiques disponibles dans la littérature. Elle justifie le jugement porté sur un cas particulier en montrant en quoi il s'apparente et se distingue du paradigme. Cette manière de procéder est proche de la conception anglo-saxonne du droit (la *common law*) et valorise la jurisprudence plus que les grands codes de lois.

Un avantage non négligeable des approches casuistiques en milieu pluraliste est qu'elles facilitent les accords concrets contextualisés sans réclamer l'accord sur les principes et les théories morales.

4) *Éthiques narratives* [2]. Attentive au concret et au particulier, la casuistique considère le patient comme une

1. Voir Pascal, *Les Provinciales* dénoncent le laxisme de la casuistique jésuitique.

2. Ricœur P., *Soi-même comme un autre*, Paris, Le Seuil, 1990. Cet ouvrage articule à la fois des aspects de l'éthique aristotélicienne et de l'éthique narrative dans le cadre d'une approche philosophique herméneutique plus ample. Hunter K.M., *Doctors' Stories. The Narrative Structure of Medical Knowledge*, Princeton University Press, 1991 ; Newton A.Z., *Narrative Ethics*, Cambridge, Harvard University Press, 1995.

personne singulière concrète. En ce sens, elle rencontre deux approches éthiques actuelles qui se sont développées en réaction non seulement au principlisme jugé abstrait mais aussi à la biomédecine technoscientifique ressentie comme déshumanisante : l'éthique du souci de l'autre (ou de la sollicitude) et l'éthique narrative. Cette dernière s'apparente aux traditions phénoménologique, herméneutique et rhétorique. Elle souligne l'importance de l'expérience et de la perception des divers acteurs : patient, médecin, personnel soignant, conjoint, enfant, famille, sont invités à raconter comment ils ressentent, vivent, comprennent la situation particulière à laquelle ils sont confrontés. Ces récits facilitent l'expression des émotions qui renvoient à des valeurs sous-jacentes souvent plus difficiles à définir. Ils rendent possible un dialogue plus authentique, fondé sur l'écoute mutuelle, et une assomption plus humainement partagée de la souffrance et de la décision à prendre. Selon certains, l'éthique narrative revêt même une portée (psycho)thérapeutique, indépendamment de ses apports en termes de clarification d'une situation complexe en demande de décision. Elle peut aider le malade ou le mourant ainsi que ses proches à (re)donner un sens à leur souffrance.

5) *Éthiques féministes*[1]. Les courants d'inspiration féministe partagent avec l'éthique narrative et l'éthique du souci de l'autre une attitude critique à l'égard du principlisme et de l'interventionnisme biomédical scientifiquement fondé et technologiquement armé. La bioéthique féministe

1. Sherwin S., *No Longer Patient. Feminist Ethics and Health Care*, Philadelphia, Temple University Press, 1992 ; Noddings N., *Caring. A Feminist Aproach to Ethics and Moral Education*, Berkeley, University of California Press, 1984 ; Tong R., *Feminist Approaches to Bioethics. Theoretical Reflections and Practical Applications*, Oxford, Westview Press, 1997 ; Pinsart M-G. (éd.), *Genre et Bioéthique*, Paris, Vrin, 2003.

invite à raconter l'histoire de la biomédecine contemporaine du point de vue des femmes qui diffère du récit officiel dominant qui est celui des hommes inventeurs et acteurs du progrès technoscientifique. Elle porte une attention critique spéciale aux PMA[1] qui serviraient davantage les intérêts de recherche masculins que la cause des femmes dont le corps est objectivé et opéré.

La bioéthique féministe ou féminine se divise autour de la question de l'éthique du souci de l'autre ou de la sollicitude ou encore du soin (ou des soins : *care ethics*). Une tendance (quelquefois dite «féminine») y voit l'apport moral le plus éminent des femmes corrigeant les excès des approches masculines abstraites, objectivistes et instrumentalistes, centrées autour des valeurs de justice, de pouvoir et de contrat. Une autre tendance («féministe») refuse précisément l'identification et la réduction du rôle des femmes à ce type traditionnel de rapports. Cette critique ne l'empêche toutefois pas de valoriser aussi des vertus relationnelles (compassion, écoute, empathie, sollicitude…) qui devraient être également présentes chez les hommes et chez les femmes, de même que les qualités dites « masculines » ne devraient pas être réservées aux hommes.

6) *Les courants utilitaristes.* L'utilitarisme constitue le cadre philosophico-éthique traditionnel et actualisé dominant de la bioéthique anglo-saxonne. Historiquement apparenté à l'empirisme anglais, il part de préjugés favorables à la R&D biomédicale et à la rationalité scientifique expérimentale et calculante en général. Son principe de base est que la moralité d'une action est mesurée par son utilité (c'est-à-dire la quantité de plaisir, de bien-être, de bonheur, d'affect positif… qu'elle procure et/ou la quantité de souffrance qu'elle supprime ou allège). La règle est de choisir l'action qui permet de réaliser le

1. Procréation Médicalement Assistée.

plus d'utilité pour le plus grand nombre. Ce calcul doit tenir compte du coût (moyens et ressources nécessaires ; risques et effets négatifs) de telle sorte que le calcul utilitariste invite à comparer les rapports coûts/bénéfices de plusieurs actions possibles et à retenir celle qui présente le rapport le plus avantageux. Le vague et la plurivocité des notions de base de l'utilitarisme font que ce courant s'est diversifié très rapidement (comparez, par exemple, Jeremy Bentham et John Stuart Mill) et qu'il constitue aujourd'hui un éventail très étendu de tendances[1]. L'attrait de l'utilitarisme tient dans la possibilité, plus ou moins effective, qu'il offre d'un choix rationnel basé sur la quantification et le calcul d'éléments empiriquement accessibles : des moyens, des résultats, des conséquences. En ce sens, il se sépare des morales de l'intention, de la vertu ou du devoir, qui réfèrent à des idéalités et à des qualités personnelles. L'utilitarisme a rencontré de manière croissante – aussi en Europe – les faveurs des milieux économiques et politiques qui y voient un instrument effectif d'aide à la décision. Le rapport coûts/bénéfices est, en effet, quantifiable en termes monétaires, surtout si l'on ne prend en considération que des facteurs auxquels il est possible de faire correspondre un prix (médicaments, technologies, journées de travail de tous les acteurs, y compris celles perdues par le malade, durées de séjour dans les hôpitaux, longévité, handicaps, etc.). C'est dans le cadre de l'utilitarisme que s'est développée la notion de QALY (Quality-Adjusted Life Years)[2] qui permet de comparer diverses options thérapeutiques en fonction de la

1. Quelques références récentes : Singer P., *Practical Ethics*, 2ᵉ éd. 1993, trad. fr. *Questions d'éthique pratique*, Paris, Bayard, 1997 ; Scarre G., *Utilitarianism*, Londres, Routledge, 1996 ; Smart J.J.C. et Williams B., *Utilitarisme. Le pour et le contre*, Genève, Labor et Fides, 1997.

2. Voir Nord E., *Cost-Value Analysis in Health Care. Making Sense out of QALY*, Cambridge University Press, 1999.

durée de survie moyenne qu'elles offrent pondérée par la prise en compte de la qualité de cette survie (handicap, médication lourde, effets secondaires, etc.). Cette économétrie médicale est appelée à éclairer les gestionnaires de la santé tant au plan local (hôpital) qu'au plan global (politique de la santé publique). Elle ne prend évidemment pas en considération la personne singulière qu'est chaque malade dont l'idiosyncrasie et la perception subjective peuvent s'éloigner considérablement des moyennes statistiques qui alimentent le calcul utilitariste. L'approche utilitariste est la cible ordinaire des critiques issues des éthiques centrées sur la personne individuelle ainsi que des philosophies politiques qui défendent une conception de la justice distributive (tel John Rawls) accordant par priorité un maximum d'aide à la fraction la plus désavantagée, la plus vulnérable, la plus souffrante de la société. D'autres problèmes surgissent à propos de la prise en compte des générations futures tant en ce qui concerne le calcul utilitariste de décisions ayant des conséquences à moyen et à long termes, qu'en ce qui concerne la notion de justice qui peut être intragénérationnelle ou intergénérationnelle.

Un aspect très important de l'utilitarisme contemporain relève moins de l'éthique et de l'économie politique médicales que de l'éthique du vivant et de l'écoéthique [1]. Jeremy Bentham (1748-1832) déjà écrivait à propos des animaux : « La question n'est pas : peuvent-ils raisonner, ni : peuvent-ils parler : mais peuvent-ils souffrir » [2]. Cette question découle immédiatement de l'empirisme sous-jacent qui accorde

1. Voir Goffi J.-Y., *Le philosophe et ses animaux*, Nîmes, J. Chambon, 1994 ; Ferry L., *Le nouvel ordre écologique*, Paris, Grasset, 1992.
2. *An Introduction to the Principles of Morals and Legislation*, 1789. Cette approche de l'animalité s'oppose à l'anthropocentrisme idéaliste des traditions chrétienne *et* cartésienne qui invitent à ne voir de problèmes éthiques qu'en relation avec l'homme, sujet rationnel libre, pensant et parlant.

beaucoup d'importance au corps sensible capable de souffrir et de jouir, source d'émotions, siège de besoins vitaux et d'intérêts objectifs demandant satisfaction. L'intérêt d'un animal est de ne pas souffrir, de pouvoir se nourrir, de vivre avec ses semblables et non en captivité. Mais le même type de raisonnement peut s'étendre, dans une certaine mesure, à l'ensemble des vivants : les plantes aussi ont des intérêts ou des besoins objectifs dont la satisfaction conditionne la croissance et la survie. Il découle de cette approche que nous avons des devoirs envers les vivants non-humains. Nous devons, à des degrés divers (la considération morale due aux mammifères supérieurs n'est pas la même que pour les vers ou les herbacées), inclure les vivants au sein de la communauté morale – c'est-à-dire de l'ensemble des êtres qui sont à prendre en compte de ce point de vue – non comme des sujets de droits et de devoirs (seuls les humains le sont)[1], mais comme des êtres envers lesquels les humains se donnent des devoirs ainsi que des droits limités.

7) *Les Droits de l'Homme.* La référence à la tradition philosophique des droits de l'homme comme source d'inspiration de la bioéthique est importante surtout en Europe et, particulièrement, sous l'influence de la France. Elle a marqué un nombre considérable de textes internationaux de l'AMM, de l'ONU, de l'Unesco et du Conseil de l'Europe. Historiquement inscrite dans le prolongement de la pensée des Lumières, elle proclame les droits universels et inaliénables de l'individu. Tels qu'ils sont formulés par la Déclaration Universelle des Droits de l'Homme (DUDH) de 1948, ces

---

1. Il existe toutefois des courants qui défendent les « droits des animaux », bien que cette conception ne semble guère défendable si ce n'est à titre de « fiction juridique » utile. Lire sur ce sujet le philosophe australien Singer P., *Animal Liberation*, 1975, trad. fr. *La libération animale*, Paris, Grasset, 1993. Voir aussi Chapouthier G., *Les droits de l'animal*, Paris, PUF, 1992.

droits s'enracinent dans le consensus des déclarants, non dans des fondements métaphysiques ou théologiques sur lesquels aucun accord universel n'existe[1]. La DUDH représente un modèle de consensus pour une civilisation multitraditionnelle.

Invoquer la DUDH afin de guider la résolution de questions bioéthiques ne va pas, toutefois, sans problèmes d'interprétation ni constats de carence. Originellement, la philosophie des droits de l'homme est portée par la foi dans le progrès : un progrès émancipateur découlant de l'avancement des sciences et des techniques, sources d'une culture et d'une éducation rationnelles universalisables. Les droits sont à protéger contre l'arbitraire des pouvoirs politiques, non contre les risques et les abus de la R&D technoscientifiques. Or, les références bioéthiques aux DH montrent que l'on est passé d'une situation d'alliance entre la philosophie des DH et les progrès technoscientifiques à une relation beaucoup plus ambivalente et souvent conflictuelle. Pour de nombreuses questions, la DUDH n'offre pas une réponse univoque mais des interprétations divergentes. Ainsi l'affirmation de la dignité de l'individu conférerait au corps et aux parties du corps (des organes aux gènes) un statut d'indisponibilité pour l'individu lui-même. Mais affirmer ainsi que l'individu ne peut librement disposer de son corps heurte ceux qui sont sensibles à la défense de l'autonomie et des libertés individuelles. Ils craignent sinon l'interdiction de toute relation marchande même limitée (concernant des cellules, des tissus d'origine humaine, par exemple), en tous cas celle de l'IVG ou de certaines formes de PMA. Cette dernière inquiétude est

---

1. Il n'y a pas de fondement universel et univoque (Dieu, Nature, Esprit, Raison, …) sur lequel tous – protestants, agnostiques, catholiques, juifs, athées, musulmans, etc. – pourraient s'entendre. Chacun est libre de fonder – ou de ne pas fonder, en se contentant, par exemple, du consensus pragmatique – les DH selon sa conscience, sa culture, sa communauté, sa tradition, …

d'autant plus grande que la DUDH promeut une conception de la famille et de la filiation d'inspiration judéo-chrétienne. Les conflits entre la liberté et la dignité, ou entre la liberté et l'égalité, ou entre l'égalité et le droit à la vie, sont nombreux en bioéthique. À cet égard, la problématique complexe de l'eugénisme est explosive. Il faut donc être prudent et ne pas oublier que ni la DUDH ni la philosophie des DH n'ont été conçues en ayant à l'esprit les questions qui se posent en bioéthique aujourd'hui. Les concepteurs et rédacteurs de 1948 ont même refusé explicitement que leurs propositions puissent apporter une réponse aux problèmes de l'avortement et de l'euthanasie[1]. Que dire alors des questions relatives à l'expérimentation sur l'embryon, à la thérapie génique, au transsexualisme, au choix du sexe, au clonage ... ?

---

1. Ainsi que l'on peut lire dans les minutes des discussions qui ont abouti à la rédaction de la DUDH : voir « Droits de l'Homme et R&D technoscientifiques », dans Hottois G., 1996, *op. cit.*

TEXTES ET COMMENTAIRES

H. T. ENGELHARDT JR.

THE FOUNDATIONS OF BIOETHICS

(Extraits)

LA BIOÉTHIQUE
ENTRE MODERNITÉ, PRÉMODERNITÉ
ET POSTMODERNITÉ

H.T. Engelhardt est l'un des noms les plus connus de la bioéthique au plan international et il fut présent dès les débuts de celle-ci. Professeur à Houston (Texas), il jouit d'une formation de philosophe, de théologien et de médecin. Il est l'auteur de trois ouvrages qui sont complémentaires : *The Foundations of Bioethics* (1986); *Bioethics and Secular Humanism* (1991); *The Foundations of Christian Bioethics* (2000). Le premier a connu une seconde édition significativement remaniée en 1996 [1]. L'intérêt de l'œuvre d'Engelhardt

---

1. Les deux éditions chez Oxford University Press. L'ouvrage de 1991 a été édité par SCM Press (Londres) et Trinity Press International (Philadelphie); le dernier à Lisse (Pays-Bas) chez Swets & Zeitlinger. À signaler au sujet de cet auteur, Hottois G. (éd.), *Aux fondements d'une éthique contemporaine : H. Jonas et H.T. Engelhardt*, Paris, Vrin, 1993; Minogue B., Fernandez G-P. et Reagan J. (éd.), *Reading Engelhardt : Essays on the Thought of H. Tristram Engelhardt Jr.*, Dordrecht, Kluwer, 1997; signalons enfin l'excellent mémoire de deuxième cycle de Benjamin Quoilin, *Éthique et postmodernité chez H.T. Engelhardt*, Université Libre de Bruxelles, 2002-2003. Nous renverrons presque exclusivement aux *Foundations of Bioethics,* devenu classique dans le domaine. L'existence de deux éditions (1986, 1996) mérite un commentaire.

tient dans le fait qu'il aborde tant les questions concrètes que les interrogations spéculatives soulevées par la bioéthique. Sa réflexion illustre les trois perspectives qui aident à baliser le débat : moderne, prémoderne, postmoderne. Engelhardt y puise d'une manière critique, en s'efforçant de prendre la mesure de leur fécondité et de leurs limites. En ce sens, sa philosophie dépasse le cadre de la bioéthique *stricto sensu* : son véritable objet est la situation de l'homme dans le monde contemporain. En ce sens aussi, elle ne fait que rendre justice à toute la portée du «phénomène bioéthique». L'étendue et la complexité de la philosophie engelhardtienne invitent au débat avec Hans Jonas et Jurgen Habermas. Le premier illustre essentiellement la grille pré-moderne; le second prolonge la modernité. *Prise dans sa totalité*, la pensée engelhardtienne peut, quant à elle, être qualifiée de «postmoderne», en dépit des rapports ambivalents et souvent très critiques qu'Engelhardt noue aux courants postmodernes.

1. LE CONTEXTE HISTORIQUE CONTEMPORAIN

L'individu contemporain s'efforce de trouver des repères de sens et de valeur dans un contexte de plus en plus profon-

---

Engelhardt explique les remaniements importants – dont le plus spectaculaire est l'abandon de l'expression «principe d'autonomie» en faveur de «principe de permission» – par le fait que la première édition avait entraîné un grand nombre de malentendus essentiels sur sa position et ses intentions. Il a, en effet, été souvent lu comme défenseur et promoteur, soit de l'éthique laïque moderne, soit du pluralisme vaguement esthétique qui caractérise l'individualisme postmoderne «sans foi ni loi». Or, il n'est partisan ni de l'un ni de l'autre, si ce n'est dans la mesure où ils peuvent contribuer à la coexistence pacifique d'individus et de communautés irréductiblement différents, parmi lesquels il y a ce qu'il affirme être la vraie foi, à savoir le christianisme orthodoxe auquel il s'est converti.

Ci-dessous, nous renvoyons toujours à la seconde édition de 1996, désormais notée *FB*.

dément marqué par la désintégration de l'unité du monde occidental. Cette unité, venue des traditions gréco-latine et judéo-chrétienne, dont l'Église a opéré la synthèse durant le Moyen-Âge, a commencé à se défaire avec la Réforme, entraînant les guerres de religions, et avec les révolutions de la pensée associées à l'essor de la science moderne et à l'exploration du monde. Engelhardt voit dans la modernité – spécialement les Lumières et, exemplairement, Kant – un effort pour rétablir l'unité du monde occidental chrétien sur la base non plus de la foi mais de la raison. Or, dans la mesure où la modernité a ambitionné être un christianisme sécularisé – une Religion Universelle de la Raison – elle a également échoué. Cela signifie que la modernité laïque[1] est incapable de fournir et de justifier une vision du monde et une conception de la vie bonne, uniques et universelles. Qu'il n'y a pas d'éthique substantielle[2] laïque une et universellement partagée est évident non seulement en ce qui concerne les questions de bioéthique (avortement, euthanasie, statut du corps humain, expérimentation humaine, allocation des ressources, etc.)[3], mais plus généralement au vu de l'histoire moderne et contemporaine marquée par les impérialismes et les totalitarismes. De la Révolution française au communisme soviétique, ce n'est que par la force, la violence, le mensonge et la contrainte que

1. Engelhardt utilise systématiquement « secular »; nous traduirons par « laïque », au sens de « non confessionnel ».

2. Une éthique substantielle ou pourvue de contenu fournit une hiérarchie claire de normes et de valeurs susceptibles de guider concrètement les choix, en disant que telle action est bonne, telle autre mauvaise, que telle chose est sacrée, telle autre monnayable, etc. Une éthique formelle ou procédurale énonce seulement comment des individus et des collectivités peuvent légitimement produire des normes et des valeurs.

3. « Il existe autant de compréhensions laïques de la justice, de l'équité, de la moralité, que de religions. », Engelhardt H. T. et Pinkard T. (éd.), *Hegel Reconsidered : Beyond Metaphysics and the Authoritarian State*, Dordrecht, Kluwer, 1994, p. 211.

« la Raison » a pu donner l'illusion transitoire et tragique de l'unification des individus et des peuples.

Le double échec de la Foi et, surtout, de la Raison est la « catastrophe fondamentale »[1] qui caractérise le contexte de la bioéthique contemporaine. Engelhardt n'hésite pas à parler de nihilisme[2], bien qu'il préfère une description d'allure plus positive en termes de postmodernité. Celle-ci constitue notre « condition sociale et épistémologique » : l'absence de grand récit partagé à prétention universelle, capable de légitimer une éthique et une politique communes[3]. Nous vivons et pensons dans un monde de la diversité irréductible, un monde d'« étrangers moraux ». Sont des étrangers moraux, les individus qui ne partagent pas de prémisses et de règles suffisamment communes pour pouvoir résoudre ensemble des problèmes éthiques et qui ne reconnaissent pas non plus une autorité commune capable de trancher ces mêmes problèmes. Les « amis moraux », en revanche, ne rencontrent pas ces difficultés. Idéalement, la communauté catholique, supposée partager une même morale et soumise à l'autorité d'un Magistère (le Pape), est exclusivement composée de tels amis moraux. Engelhardt sait bien que les choses ne sont pas aussi simples, et que les communautés morales – fussent-elles religieuses ou non – ont tendance, dans notre monde pluraliste et individualiste, à se diversifier de l'intérieur. Toutefois, les communautés morales – culturelles, ethniques, religieuses – plus ou moins hiérarchiquement structurées et rassemblant des personnes partageant, avec une intensité certes inégale, la même sensibilité éthique, sont des composantes importantes de nos sociétés multiculturelles et pluralistes. Engelhardt utilise quelquefois la distinction conceptuelle entre « commu-

1. *FB*, p. 8.
2. Voir la section « Au bord du nihilisme », *FB*, p. 65 *sq.*
3. *FB*, p. 22. Il évoque Lyotard.

nauté » qui va avec « amis moraux » et « société » ou « État », collectif beaucoup plus vastes au sein duquel les « étrangers moraux » ainsi que les communautés morales interagissent[1]. À propos des étrangers moraux, il souligne deux points. D'une part, leurs différences au plan moral (il peut s'agir – et il s'agit d'ailleurs souvent – d'une hiérarchisation différente des valeurs et des normes) ne les empêchent pas de communiquer et de se comprendre, éventuellement de s'apprécier. D'autre part, ces différences sont souvent très profondes et tout à fait irréductibles, de telle sorte que, dans bien des cas, le conflit des convictions risque de déboucher sur la violence (songeons aux conflits relatifs au statut de l'embryon, aux OGM ou encore à l'expérimentation sur les animaux).

La tentative d'élaboration d'une bioéthique (et d'une biopolitique) laïque par Engelhardt est motivée par la volonté et l'espoir d'une solution pacifique pour un monde peuplé d'étrangers moraux. Une solution qui ne postulerait cependant pas que les engagements moraux soient vidés de leur substance, comme c'est le cas chez les individus proprement postmodernes. Engelhardt les désigne volontiers sous le terme de « yuppies »[2]. Il sont individualistes, athées ou agnostiques, matérialistes et hédonistes, éclectiques ; ils nouent à la diversité du monde un rapport esthétique de jouissance. Les choix qu'ils cultivent sont inspirés non par la recherche du sens ou du bien, mais par le désir de retirer un maximum de satisfactions personnelles du grand marché cosmopolite. Outre les postmodernes individualistes et égoïstes, il y a les postmodernes cosmopolites oecuménistes qui croient possible de découvrir,

1. Il n'y a cependant pas de distinction lexicale systématique : le collectif transcommunautaire composé d'étrangers moraux est ordinairement désigné comme « la communauté morale pacifique, laïque ».

2. Abréviation pour « young urban or upwardly mobile professional », terme américain plus ou moins équivalent à « jeune cadre dynamique ».

par le moyen de la discussion, une éthique universelle substantielle (et pas simplement formelle ou procédurale), acceptable par tous et non subordonnée à une tradition ou à une communauté particulière[1].

Engelhardt n'apprécie guère les « postmodernes ». Leur position n'est pas seulement contraire à sa propre foi : elle paraît indifférente à toute foi, à toute conviction, à tout sens de la transcendance, à tout « sens du sens ». Pire peut-être : leur crainte ou leur allergie à l'égard des fondamentalismes et des engagements profonds les conduirait à une nouvelle sorte d'intolérance : l'intolérance à l'égard des personnalités et des communautés ayant des convictions fortes et le souci de la transcendance[2]. Dans « la culture du poète, du manager et du thérapeute »[3], la pulsion de transcendance – qui a animé la théologie et la métaphysique – doit être combattue ou apprivoisée, guérie ou dissoute.

Engelhardt ne se satisfait ni d'une bioéthique « prémoderne » traditionnelle prétendant s'imposer dogmatiquement par la force, ni d'une bioéthique « moderne » entretenant l'illusion (en définitive aussi dogmatique) d'une morale substantielle universellement légitimée par la raison, ni de l'indifférence éthique affichée par la postmodernité. L'intérêt de son entreprise réside notamment dans l'attention critique qu'elle porte à ces trois familles de pensée au sein de notre civilisation contemporaine chaotiquement globalisée.

1. Cf. *FB*, p. 27.
2. *FB*, p. 77.
3. Pour reprendre l'expression de Richard Rorty, dont la pensée illustre des aspects de cet esprit postmoderne, cf. Hottois G. et Weyembergh M. (éd.), *Richard Rorty. Ambiguïtés et limites du postmodernisme*, Vrin, Paris, 1994.

LA PERSPECTIVE LAÏQUE COMME RÉPONSE AU NIHILISME
ET LES COMMUNAUTÉS MORALES *

L'exposé des Foundations *n'offre pas d'éthique dotée de contenu grâce à laquelle hommes et femmes peuvent vivre leur existence morale concrète. Ce livre justifie plutôt un cadre éthique au sein duquel des individus qui appartiennent à diverses communautés morales et qui ne partagent pas une même vision morale substantielle, peuvent cependant se considérer comme liés par une structure morale commune et se référer à une bioéthique commune. Il offre une perspective éthique qui s'étend à travers la diversité des visions morales et fournit une lingua franca morale. En n'adhérant pas à une vision morale particulière, il cherche à éviter les difficultés qui assaillent les approches laïques qui font autrement : pétition de principe, affirmation arbitraire d'un point de départ, régression à l'infini. Si le projet d'élaboration d'une éthique laïque générale dépourvue d'engagement échoue, alors le projet philosophique moderne de justification d'une bio-éthique laïque* (secular) *générale échoue aussi. Ceux qui ont cherché une guidance morale dans l'éthique laïque seraient alors livrés au nihilisme et au relativisme. Mais si ce projet réussit, alors, même si des individus ne peuvent s'entendre sur une morale canonique, substantielle, commune, il y aura une procédure par laquelle des étrangers moraux pourront coopérer dans des entreprises moralement justifiées, y inclus le domaine de la santé. Tout ce que l'on souhaiterait protéger ne peut l'être. Mais l'alternative serait pire : ce serait la faillite même de la plus modeste entreprise d'éthique laïque générale. (…) Si l'on veut plus que ce que la raison laïque est capable*

---

* Engelhardt, *The Foundations of Bioethics*, Oxford, Oxford University Press, 1996. Nous avons ajouté les titres des extraits des *FB*. Tous les textes ont été traduits par nos soins.

d'accorder – et l'on devrait vouloir davantage – alors on doit rejoindre une religion en ayant soin de bien choisir la véritable. Un contenu moral canonique ne peut être trouvé en dehors d'un récit (narrative) *moral particulier, d'un point de vue situé. À ce stade, le lecteur doit savoir que j'expérimente et admets l'immense fossé entre ce que le raisonnement philosophique laïque est capable d'apporter et ce que je sais être vrai du sein de la plénitude du récit auquel j'adhère personnellement. Je soutiens, en effet, le récit moral concret canonique; cependant, j'ai conscience qu'il ne peut être accordé par la raison, mais seulement par la grâce. Je suis, en définitive, un catholique orthodoxe texan, un converti par choix et conviction, avec le secours de la grâce et en repentance de mes innombrables péchés (y compris une première édition qui nécessitait de nombreuses améliorations). Ma perspective morale ne manque pas de contenu. J'ai la ferme conviction que, sauf par la grâce de Dieu, ceux qui s'engagent dans un grand nombre d'actions qu'un État pleinement laïque tolère (par exemple, l'euthanasie et l'interruption volontaire de grossesse) courent au péril des flammes éternelles de l'enfer. (…) Être pro-choix (ne pas interdire l'avortement, GH) dans un sens laïque général, c'est comprendre la relation tragique de Dieu à l'Eden. Être libre, c'est être libre de choisir tout à fait mal.*

(FB, p. IX-XI)

2. Une bioéthique laïque pour une société pluraliste

Les *FB* partent du constat d'échec de la modernité dans l'établissement d'une éthique pourvue de contenu et d'une autorité universellement reconnue, applicable dans le domaine de la bioéthique. Ce constat n'a rien de souriant : « la ruine des Lumières » nous confronte à « la tragédie d'une moralité fragmentée. »[1]. Engelhardt estime qu'il est cependant possible de sauver un aspect essentiel du projet moderne à condition d'abandonner l'espoir d'y trouver une éthique substantielle basée sur la valeur de la liberté ou de l'autonomie. L'erreur de Kant (et des Lumières) est de ne pas avoir distingué entre la liberté comme une valeur à cultiver en soi et en autrui, et la liberté comme « contrainte marginale »[2] associée au principe de permission. C'est pour éviter précisément ce malentendu que la deuxième édition des *FB* substitue l'expression « principe de permission » à celle de « principe d'autonomie » utilisée dans la première[3].

2.1. *Le Principe de permission à la base de la bioéthique laïque*

Le Principe de permission[4] est le fondement de toute (bio)éthique laïque. Dans un univers moral irréductiblement pluriel, il qualifie les personnes comme seules sources légitimes d'autorité morale laïque. Seule la permission non contrainte accordée par des personnes confère une légitimité éthique à toute action entreprise avec elles. Le PP régule les interactions entre les étrangers moraux. Il n'introduit aucune valeur substantielle, pas même celle de la liberté, car une personne est « libre » de se décharger de sa capacité décisionnelle en s'engageant contractuellement ou en s'abandonnant à la compétence paternaliste d'autrui, ou encore, par exemple, en faisant une profession de foi communautaire. Le PP est un principe éthique « par défaut » (de principe

---

1. *FB*, p. 422.
2. « *Side constraint* », expression empruntée à Robert Nozick (*Anarchy, State and Utopia*, Basic Books, New York, 1974), par laquelle Engelhardt qualifie la liberté formelle négative exprimée par le principe de permission, cf. *FB*, p. 97, 363 et 395.
3. *FB*, p. XI.
4. Nous notons dorénavant le Principe de permission : PP.

substantiel universel). Il ne comporte qu'un devoir négatif qui est le respect mutuel des personnes, au sens de la non-interférence non autorisée. Il ne reconnaît comme légitime que la force défensive contre le non respect de la permission accordée ou refusée par des individus ou des communautés. Le PP ne peut être fondé d'un point de vue laïque. Il ne peut pas être déclaré «bien», ni même «moral»[1], car il est logiquement antérieur à toute détermination substantielle de valeur. Il suppose cependant un intérêt pour la régulation pacifique des interactions entre étrangers moraux; un intérêt, peut-on dire aussi, pour l'ouverture d'un espace où l'éthique puisse exister. Il est, en ce sens, la condition formelle – transcendantale, constitutive[2] – ou encore la «grammaire»[3] de tout échange éthique possible entre des personnes non engagées dans une morale substantielle commune. Déployant l'espace au sein duquel les communautés morales coexistent, il trace aussi leurs limites, dans la mesure où il leur interdit de s'étendre en recourant à la force contre des personnes non consentantes ou contre d'autres communautés.

La vertu morale principale qui doit accompagner le PP est la tolérance. Engelhardt souligne que la tolérance ne coïncide pas avec la faiblesse, l'indifférence ou le laxisme, qui ne caractérisent que trop la postmodernité. Après tout, on ne tolère à proprement parler que ce que l'on estime non conforme au bien ou au juste. Tolérer des comportements ou des choix étrangers ne requiert nullement que l'on s'abstienne de les condamner expressément comme erronés ou scandaleux[4].

---

1. *FB*, p. 12 et 126.
2. *FB*, p. 70 et 107.
3. *FB*, p. 35.
4. *FB*, p. 16. L'étymologie latine de «tolérer» exprime l'idée de «supporter, endurer» qui concerne ce que l'on n'agrée pas. Engelhardt est tout à fait clair : «Cette consécration de la tolérance n'exclut pas que l'on condamne, vili-

Engelhardt songe à des actions – tels que l'avortement ou l'euthanasie – qui ne peuvent être interdites sur base de l'éthique laïque formelle et qui sont de fait acceptées par plusieurs morales substantielles athées, agnostiques ou religieuses; ces mêmes actions sont cependant condamnées par lui et ses «amis moraux» comme des péchés très graves.

La bioéthique laïque, qui rend possible la coexistence pacifique ainsi que la coopération volontaire d'étrangers moraux et de communautés morales, est la base de toute biopolitique au sein de «démocraties limitées», c'est-à-dire des démocraties pluralistes, respectueuses et protectrices des personnes et de leurs biens. La bioéthique laïque permet l'association de personnes en communautés morales qui s'entendent sur une conception substantielle des valeurs et du principe de bienfaisance. Elle n'accorde aucune lumière quant au choix qu'une personne peut faire entre les diverses conceptions de la vie bonne. En adoptant une conception de la vie bonne, l'individu s'abandonne souvent à une autorité morale qui lui est extérieure, et qui peut être aussi conçue comme transcendante en un sens métaphysique ou théologique. Le choix de l'hétéronomie est donc défendable à partir du point de vue bioéthique laïque qui, rappelons-le, ne valorise pas obligatoirement l'autonomie. Le respect de l'éthique médicale laïque n'implique donc nullement que le médecin doive encourager le patient à prendre lui-même une décision en l'informant le plus complètement possible; le paternalisme accepté au sein duquel le patient s'abandonne à la compétence bienveillante du médecin est tout à fait respectable du point de vue laïque. Le médecin doit seulement s'abstenir d'imposer au patient un traitement auquel il n'aurait pas consenti. Mais le principe du consentement ne comprend pas le droit à être

pende, exècre, ostracise, excommunie ou que l'on tente de convertir ceux avec lesquels on n'est pas d'accord.», *FB*, p. 419.

complètement informé ni l'obligation du médecin de fournir semblable information[1]. Selon les médecins et les patients, selon les systèmes de soins au sein desquels les rapports soignants-soignés se nouent, des modalités diverses existent et le refus d'être informé ainsi que celui de donner des informations peuvent être légitimes. À condition seulement qu'aucune action ne soit appliquée contre sa volonté à une personne capable de consentir ou de refuser. Au plan de l'éthique laïque, Engelhardt défend une conception extrêmement libérale du Principe de permission non contrainte. Seuls l'usage ou la menace crédible d'usage de la violence physique et la rupture de contrats librement consentis sont bannis[2]. Toutes les manipulations, les séductions, les incitations, l'exploitation – sans violence du fait des acteurs eux-mêmes – de situations inégalitaires (au plan économique, social, psychologique, culturel, etc.) sont compatibles avec le PP[3].

LE PRINCIPE DE PERMISSION, SEULE SOURCE D'AUTORITÉ MORALE LAÏQUE

Les différends peuvent se résoudre par (1) la force, (2) la conversion d'une partie au point de vue de l'autre,

---

1. *FB*, p. 310 *sq.*
2. *FB*, p. 364.
3. L'interdit de la tromperie et du mensonge délibéré ne semble s'appliquer que dans certaines situations expressément ou implicitement contractuelles (dont l'exercice de la médecine fait normalement partie). Mais cela laisse grande ouverte la porte à d'innombrables situations de manipulation « douce ». « Toute incitation est, en principe, permise par l'éthique laïque – de l'offre d'avantages financiers et d'honneurs à celle de satisfactions sexuelles et d'autres plaisirs charnels – aussi longtemps que l'offre ou la manœuvre ne rend pas impossible le choix rationnel. », *FB*, p. 308.

(3) l'argumentation rationnelle et (4) l'accord (agreement).
On doit surtout distinguer entre les solutions recourant à la force dominante et les solutions pourvues d'autorité morale. Le recours à la force ne répond pas aux interrogations éthiques, comme de demander pourquoi un différend devait être résolu de telle manière particulière, même si la solution impose un large consensus. La force, y compris la force légalement autorisée (par exemple, l'interdiction de la vente privée de meilleurs soins de base) ne sera jamais que la force pour quiconque ne partage pas la vision morale qui entend légitimer ce genre d'interventions. La force brutale, à moins d'être justifiée, reste la force brutale. La force subtile reste la force. Une finalité de l'éthique est de déterminer quand la force peut être justifiée. (...) Comme il n'y a pas d'argumentation laïque décisive afin d'établir qu'une vision particulière de l'existence morale est éthiquement supérieure à ses rivales, et comme tout le monde ne s'est pas converti à une vue morale unique, l'autorité morale laïque est l'autorité du consentement. L'autorité[1] *n'est pas celle de la puissance coercitive, ni celle de la volonté de Dieu, ni celle de la raison, mais seulement celle de l'accord de ceux qui décident de collaborer. Cette base pour la moralité découle de la notion d'éthique en tant que moyen d'assurer l'autorité morale par le consentement en présence de conflits moraux concrets insolubles. (...) Le recours à la permission comme la source de l'autorité n'implique aucune vision ou compréhension morale particulière. Il ne confère nulle valeur à la permission. Il reconnaît simplement que l'autorité morale laïque est*

---

1. Nous avons choisi de traduire systématiquement « authority » par « autorité ». Quelquefois, « légitimité » serait plus immédiatement parlant. Dans la grande majorité des occurrences, « authority » désigne l'autorité éthiquement légitime. Au plan laïque, sa source première est toujours la permission accordée par des personnes.

l'autorité de la permission. Ce recours est la condition mini-male pour résoudre avec autorité morale des questions sur-gissant entre des étrangers moraux : il exige le consentement. (…) Comme les conflits moraux peuvent, en principe, inclure tous les acteurs moraux (et, nous le verrons, exclusivement ceux-ci), on peut caractériser la communauté morale laïque comme l'attitude intellectuelle possible des personnes inté-ressées à résoudre les conflits moraux selon des voies qui, fondamentalement, ne sont pas basées sur la force. L'autorité morale laïque n'est rien de plus ni de moins que l'autorité de ceux qui consentent à collaborer. (…) Si l'on agit contre cette manière unique de résoudre des conflits moraux entre des étrangers moraux, on abandonne toute justification laïque pour protester contre l'usage de la force défensive ou punitive. Ceux qui adhèrent au principe trouvent un monde moral sus-ceptible d'être partagé entre des étrangers moraux. Ceux qui le rejettent perdent tout fondement laïque acceptable pour protester quand ils sont punis. En dépit de la pluralité post-moderne des perspectives morales, l'action morale pourvue d'autorité en un sens généralement compréhensible existe encore. (…) Il est donc possible de justifier des pratiques telles que le consentement libre et informé, le marché et des démo-craties limitées. Pour obtenir une permission, un consen-tement ou un accord, seule sera prohibée l'usage de la force contraignante par celui qui cherche l'accord. Il est donc permis, dans un marché, de profiter des avantages découlant de contraintes venues de la nature ou de parties tierces, aussi longtemps que ceux qui concluent l'accord ne sont pas respon-sables de ces contraintes. Il n'est pas incorrect d'user d'inci-tants ou de manipuler pacifiquement afin de recueillir une permission, un accord ou un consentement. La persuasion, l'incitation et les forces du marché sont des manières de rendre attrayante aux yeux des individus leur participation

volontaire à des entreprises particulières. Semblables mani-
pulations font partie intégrante d'une société laïque de
personnes agissant sur base d'une autorité commune, aussi
longtemps que ces manipulations demeurent pacifiques, aussi
longtemps qu'elles n'impliquent pas des menaces ou des
interventions auxquelles on n'a pas consenti (...).

(*FB*, p. 67-69, 71-72)

2.2. La notion de personne

Le PP n'a de sens que par rapport à des personnes. Seules
les personnes peuvent et doivent respecter le PP dans leurs
relations avec d'autres personnes. Seul ce respect confère à ces
relations une légitimité et en fait une source d'autorité éthique
laïque. Les choix revêtus d'autorité morale que les personnes
font dans le cadre du PP ne doivent pas être rationnellement
motivés aux yeux des tiers[1]. En outre, les personnes ont parfaitement le droit de ne pas coopérer. C'est le droit à la vie privée
(*privacy*) ou encore le « droit d'être laissé seul » (*right to be left*
alone) : un droit « fondamental » « au centre de l'éthique
laïque »[2].

Qui sont les personnes ? Il n'est possible de les désigner
d'une manière générale que par leurs attributs, principalement : la conscience (et surtout, la conscience réflexive), la
sensibilité morale (le sens de la distinction entre bien et mal),
la capacité de raisonner et de choisir. Le fait que le sens de la
distinction entre le bien et le mal est une caractéristique de la
personne entraîne que le PP n'est pas une carte totalement
blanche qui autorise n'importe quelle action. En tant que
personne, l'individu ne peut pas faire sciemment le mal pour
le mal (tel, bien entendu, qu'il le conçoit) ; il est soumis aux

1. *FB*, p. 305-306.
2. *FB*, p. 288 *sq*.

PB et PNM qui, bien que variables et particuliers, ne sont ni indifférents ni vides, et comprennent l'exigence que le comportement d'une personne vise, ultimement, le bien (telle qu'elle le conçoit).

« Personne » n'est pas équivalent à « humain », qui qualifie l'appartenance à une certaine espèce biologique. On peut imaginer des êtres dotés des attributs de la personne qui ne seraient pas humains. Tout rapport éthique avec ces personnes non humaines postulerait le respect du PP. Mais il existe plus concrètement des « humains » qui ne sont pas des personnes. Les rapports des personnes à ces non-personnes (en des sens divers et aussi à des degrés variables, car la limite est loin d'être toujours franche) sont régis, au plan de l'éthique, non par le PP, mais par les principes de bienfaisance et de non-malfaisance. Ceci vaut, par exemple, pour les embryons, fœtus, nouveau-nés et, à des degrés divers, les jeunes enfants ou les adultes mentalement aliénés. Les animaux (spécialement, les mammifères supérieurs) constituent une autre catégorie de vivants dotés de sensibilité et même d'une certaine « vie mentale », qui ne sont pas des personnes. L'éthique laïque ne peut imposer le respect de ces non-personnes comme si elles étaient des personnes. Leur statut moral est dépendant des choix opérés par des personnes et par des communautés morales substantielles qui possèdent ces non personnes ou qui ont autorité sur elles. Gamètes, zygotes, embryons, fœtus, bébés, animaux, etc. sont, du point de vue purement laïque, la propriété de ceux qui les ont produits ou qui les détiennent légitimement[1]. C'est pourquoi la commercialisation de ces non-personnes, leur destruction (IVG, euthanasie), leur utilisation à des fins diverses (telle la recherche), ne peuvent être interdites au plan de l'éthique laïque générale gouvernée par le

---

1. *FB*, p. 255.

PP[1]. Cette liberté doit cependant tenir compte du fait que certaines non-personnes pourront devenir des personnes qui auront le droit moral de demander des comptes aux personnes qui les auraient lésées antérieurement. Les redéfinitions de la mort, survenues depuis les années 1960, sous la pression des problèmes liés à l'acharnement thérapeutique et aux greffes d'organes, vont dans le sens de la distinction laïque entre « humains » et « personnes ». La destruction irréversible de certaines fonctions cérébrales n'a pas nécessairement pour conséquence la fin de toute vie de l'organisme humain (persistance, assistée ou non, des fonctions corporelles vitales), mais elle marque la fin de la personne[2]. Dès lors, celle-ci, devenue non-personne, peut faire l'objet d'actions régies non plus par le PP, mais par le principe de bienfaisance (prélèvement d'organes pour sauver des personnes, expérimentation en vue du progrès de la médecine, etc.).

LES PERSONNES – NON LES HUMAINS – COMME ACTEURS DE L'ÉTHIQUE

Tous les humains ne sont pas égaux. Les soins de santé confrontent des individus ayant des capacités manifestement très différentes : des adultes compétents, des adultes mentalement retardés, des enfants, des nourrissons, des fœtus. Ces différences sont la base d'inégalités moralement pertinentes. Les adultes compétents occupent une position morale que ne tiennent ni les fœtus ni les nourrissons. De plus, il existe des inégalités parmi les adultes compétents qui résultent des disparités de pouvoir et d'avoir dans la société. Les riches peuvent acheter des biens et des services inaccessibles aux

1. *FB*, p. 270 *sq.*
2. *FB*, p. 241 *sq.*

moins fortunés. (…) Afin d'arriver à des accords sur les questions de bioéthique qui surgissent pour les patients et les professionnels de la santé dans le cadre de vastes États, on doit savoir à quel point on est obligé de tenir compte de ces diverses inégalités morales et financières et quelles sont les prérogatives morales supposées des États. (…) Les personnes, non les humains, sont spéciales – du moins si l'on ne considère que l'éthique laïque générale. Les humains moralement compétents occupent une position morale centrale dont ne jouissent pas les fœtus ou même les petits enfants. (…) Ce concept de personne (ainsi que celui de compétence morale) est défini entièrement du sein des pratiques entre étrangers moraux résolvant les controverses morales par des accords, en donnant ou en refusant une permission source d'autorité morale. La notion même d'une communauté morale laïque générale présuppose une communauté d'entités qui sont conscientes d'elles-mêmes, rationnelles, libres de choisir et pourvues d'un sens moral. (…) Toutes les personnes peuvent concevoir la notion de communauté (morale) pacifique. Aussi longtemps qu'elles agissent en concordance avec cette notion, en dépit des inégalités d'intelligence, de puissance et de richesse, elles prennent part à la communauté (morale) pacifique (telle que définie par l'éthique laïque et pluraliste générale). Elles ont aussi la possibilité de développer, entre personnes consentantes, une communauté morale particulière (définie, en outre, par sa vue particulière de la « vie bonne »). (…) Qu'une entité relève d'une espèce particulière n'est pas important en termes d'éthique laïque générale à moins que cette appartenance n'entraîne le fait que l'entité considérée se révèle être aussi un agent moralement compétent. Ceci devrait être parfaitement clair si l'on réfléchit à ce que signifie être humain, être membre d'une espèce particulière. Il faut commencer par noter qu'il y a eu en fait une multiplicité d'espèces humaines au sein du genre Homo. Identifier une entité comme membre de Homo sapiens revient à la situer au sein d'une certaine taxinomie. (...) Ainsi que les anges – sans parler des spéculations de Science-Fiction concernant des êtres rationnels conscients sur d'autres planètes – le montrent, toutes les personnes ne doivent pas nécessairement être humaines. (...) Inversement, tous les humains ne sont pas des personnes. Tous les humains ne sont pas conscients d'eux-mêmes, rationnels et aptes à concevoir la possibilité de blâmer et de louer. Les fœtus, les nourrissons, les retardés mentaux profonds, les comateux irréversibles, sont autant d'exemples d'humains qui ne sont pas des personnes. Ils sont membres de l'espèce humaine mais n'ont pas de statut, par eux-mêmes et en eux-mêmes, au sein de la communauté morale laïque. Semblables entités ne peuvent ni blâmer ni louer ni être dignes de blâme et de louange; elles ne sont pas capables de faire des promesses, des contrats, ou d'acquiescer à quelque conception de la bienfaisance. Elles ne sont pas les acteurs premiers de l'effort en vue d'élaborer l'éthique laïque. Seules les personnes ont ce statut. (...) Les quatre caractéristiques – conscience de soi, rationalité, sens moral et liberté – identifient les entités capables d'un discours moral, capables de créer et de soutenir une communauté morale, capables d'accorder leur permission. Le Principe de permission et son élaboration dans l'éthique laïque du respect mutuel s'applique exclusivement à ce genre d'entités. Il concerne seulement des personnes, notion définie en termes d'aptitude à entrer dans la pratique de résolution des controverses morales à l'aide d'accords. L'éthique de l'autonomie est une éthique des personnes. Pour cette raison, c'est un non-sens, d'un point de vue laïque général, de parler du respect de l'autonomie de fœtus, de nourrissons ou d'adultes profondément retardés, qui n'ont jamais été rationnels. Aucune autonomie ne peut être ici

*offensée. Traiter de semblables êtres sans respecter ce qu'ils
ne possèdent pas et n'ont jamais possédé, ne les spolie de rien
qui puisse avoir un statut moral en un sens laïque général. Ils
se situent hors du sanctuaire intime de l'éthique laïque.*

(*FB*, p. 135-139)

2.3. *Les principes éthiques à la base des communautés morales*

Parmi les principes éthiques analysés dans les *FB*, on
reconnaît ceux du principlisme classique : le Principe de
bienfaisance (PB), le Principe de non-malfaisance (PNM) et le
Principe de justice (PJ)[1]. Ce sont ces principes – spécialement,
le PB – qui accordent un contenu moral aux diverses communautés composées d'amis moraux. Toute vie proprement
morale suppose, en effet, que l'on fasse autre chose que
s'abstenir d'interférer avec autrui. La vie morale suppose la
visée du bien et du juste. PB, PNM et PJ gouvernent la vie
morale en définissant ce que les personnes – individuellement
ou collectivement – tiennent pour « la vie bonne », « le bien
agir », la hiérarchie correcte des valeurs et des normes ainsi
que la manière de résoudre des problèmes éthiques. Mais semblables définitions ne sont jamais universelles : elles valent par
rapport à des personnes et des collectifs particuliers. Sur base
de constat empirique et de raisonnement, Engelhardt tient pour
établi que les formes de vie morales sont irréductiblement
diverses. Observons que le PJ, lui aussi, n'a de sens que par
rapport à une communauté donnée. Il n'est pas ce principe
éthico-juridico-politique par lequel la raison pourrait déployer

---

1. Voir ci-dessus, section *Le principlisme*.

une morale à la fois substantielle, une et universelle. Le PJ tend
à se réduire aux PP et PB [1].

L'éthique laïque ne permet pas de choisir parmi les PB
réalisés dans les communautés morales. En même temps,
aucune vie morale n'est possible – nonobstant certaines illu-
sions (telles l'illusion rationaliste moderne ou l'illusion postmoderne cosmopolite oecuméniste) – sans engagement déterminé en faveur d'un PB particulier. L'espoir associé à l'éthique
laïque (au PP) est que les individus et les communautés
trouvent un intérêt à la co-habitation pacifique, dont les *FB*
s'efforcent de préciser les règles formelles, bases du biodroit et
de la biopolitique laïques. Engelhardt estime possible – et très
souhaitable – semblable coexistence paisible articulant l'existence morale suivant deux niveaux : (a) celui de l'engagement
personnel et communautaire ; (b) celui de la distance méta-
morale – laïque – qui doit empêcher l'engagement, fût-il
absolu, de se faire violent [2]. La construction théorique formelle
de l'éthique laïque des *FB* vient au secours de l'intérêt pour la
cohabitation paisible des personnes et des communautés.

Dans le cadre de la bioéthique et de l'éthique médicale
se pose la question difficile du statut des professionnels de la
santé, spécialement les médecins. Forment-ils une communauté morale particulière, avec des PB, PNM et PJ partagés par
tous ? Ou bien cet ensemble se subdivise-t-il en une foule de
compréhensions morales plus ou moins divergentes selon les

---

1. « Les analyses dans ce volume indiquent que le principe de justice peut,
en fait, être réduit aux principes de permission et de bienfaisance. », *FB*, p. 368.
Le libertarianisme de l'éthique laïque procède de cette réduction.

2. « La vie morale est vécue selon deux dimensions : (1) celle de l'éthique
laïque qui s'efforce d'être sans contenu et qui, par conséquent, a la capacité
d'embrasser de nombreuses communautés morales divergentes, et (2) les communautés morales particulières au sein desquelles chacun peut s'approprier une
conception substantielle de la vie bonne et des obligations morales concrètes. »,
FB, p. 78.

individus, les spécialistes, les traditions et les associations?
En outre, comment le médecin ou la communauté médicale
doivent-ils réagir face à des demandes de patients ayant une
conception morale très différente de la leur? L'exigence d'une
existence morale à deux ou plusieurs niveaux se pose
concrètement aux praticiens [1].

2.4. *Universalité et particularité de la médecine*

Engelhardt consacre tout un chapitre à «Les langages de la
médecine», subdivisé en sections aux intitulés évocateurs [2], et
dont les conclusions viennent étayer la nécessité et la légitimité d'une organisation largement privée et plurielle des
systèmes de santé. Ces implications «biopolitiques» procèdent d'une longue démonstration qui s'inscrit dans la foulée de
la critique de la «communauté scientifique» comme paradigme moderne pour une société universelle et rationnelle,
capable de résoudre tous les problèmes selon une méthode à
la fois pacifique, efficace et reconnue par tous. Semblable
conception idéalisée de la science et des scientifiques asso-
ciant harmonieusement intersubjectivité et objectivité sous le
signe de la raison une et universelle est démentie par la réalité
historique et actuelle de la communauté médicale.

L'histoire montre à quel point les descriptions, expli-
cations, classifications, diagnostics, pronostics, traitements
des maladies n'ont cessé de se modifier radicalement, à travers
des «révolutions» épistémologiques dignes de l'histoire des
sciences selon Kuhn [3]. Bien que moins visible, le relativisme

---

1. *FB*, p. 81 *sq.*
2. *Façonner le réel; Les quatre langages de la médecine; La construction
sociale de la réalité médicale et le défi du jugement clinique; Voir un problème
comme médical plutôt que comme un problème légal, religieux ou éduca-
tionnel; La démocratisation de la réalité médicale.*
3. Ou Foucault. Spécialement la révolution liée à l'apparition de la
médecine expérimentale en quête de causes objectivables et manipulables sous-

des descriptions et classifications s'applique aux réalités médicales contemporaines. Par exemple, les causes de la tuberculose ne sont pas simplement infectieuses : elles comprennent des prédispositions génétiques et des facteurs environnementaux (hygiène, misère, conditions de travail, etc.)[1]. Focaliser la cause bactérienne est une simplification qui convient à la médecine (car elle peut agir sur cette cause) et à certaines fractions de la société (indifférentes ou impuissantes face à la misère, par exemple). Plus généralement, des « désordres » et des « souffrances » peuvent – ont été à diverses époques et sont encore dans diverses cultures – être vus soit comme des maladies relevant de la médecine, soit comme des crimes à sanctionner, soit comme des péchés, soit comme des problèmes politico-sociaux, soit comme les signes de pouvoirs surnaturels, etc. Les maladies mentales, les déviances sexuelles, les comportements asociaux en fournissent de nombreux exemples. Même reconnus comme « maladies », les troubles mentaux seront vus – et traités par le médecin et par la société – très différemment selon que l'on adopte une perspective psychanalytique, psychiatrique, voire génétique. Le regard des autres (y compris les médecins) sur le malade est influencé par la sensibilité culturelle et morale particulière de ces autres (songeons à la séropositivité). Juger que quelqu'un est *malade* et qu'il souffre de *telle* maladie définie a des conséquences

jacentes aux symptômes. Traditionnellement, la médecine tendait à constituer les symptômes en une entité substantielle et essentielle qui était la maladie. La médecine moderne a réduit les symptômes à des épiphénomènes en mettant en évidence les causes réelles (lésions, infections, aujourd'hui dysfonctionnements géniques, etc.) invisibles au regard médical non armé techniquement. Lorsqu'on ne parvient pas à déterminer les causes de certains types de maux (par exemple, certaines formes d'asthme, de tremblement, d'hypertension, etc.), on revient aujourd'hui encore à l'ancienne formule qui constitue en entité morbide un ensemble de symptômes causalement inexpliqués, et l'on parle alors de « tremblement essentiel » ou d'« asthme essentiel », etc.

1. *FB*, p. 223.

psychologiques, professionnelles, sociologiques, économiques, voire politiques (internements idéologiques) considérables. Ainsi que l'indique expressément le titre d'une section (*La construction sociale de la réalité médicale et le défi du jugement clinique*[1]), Engelhardt s'aventure sur la voie du socioconstructivisme postmoderne à l'occasion de certains développements. Mais il reste aussi prudent et nuancé, et il ne manque pas de rappeler qu'il n'est pas question de renoncer à toute objectivité en versant dans un relativisme culturaliste et historiciste intégral évacuant l'idée même d'une science médicale qui progresse dans l'explication et le traitement efficace des problèmes qu'elle aborde : « Je ne veux pas dire ni suggérer que la distinction fait-valeur n'est pas appropriée dans de nombreux contextes. »[2]. Engelhardt s'efforce de prendre en considération la complexité non seulement des activités médicales en elles-mêmes mais aussi de leur inscription au sein des sociétés humaines. En tant que profession, la communauté médicale tend à l'unification de ses objectifs et méthodes, à la définition de standards. Mais l'examen des visées médicales ultimes fait apparaître une large indétermination : la notion de santé, par exemple, oscille entre des définitions négatives (absence de maladies, de handicaps, etc.) et positives (état de bien-être total, sentiment d'épanouissement et de vigueur conquérante, etc.), voire mélioratives. Préventive, curative, palliative, méliorative, (re)constructive, régénérative, transformatrice, … mais aussi cognitive, expérimentale, la médecine se décline au grand pluriel. La compréhension des buts de la médecine et du rôle du médecin est loin d'être complètement déterminée par les standards de la profession médicale qui ne forme pas une communauté morale guidée par une interprétation univoque du PB, du PNM et du PJ. Cette

1. *FB*, p. 218 *sq.*
2. *FB*, p. 222.

diversité dans la conception de la médecine est évidemment influencée par la communauté morale à laquelle le médecin appartient. En outre, le médecin ne rencontre pas seulement d'autres médecins : il s'adresse à des patients, de plus en plus aussi à des « clients ». Ceux-ci sont souvent des étrangers moraux dans la mesure où ils ne partagent pas les mêmes convictions philosophiques que les médecins qu'ils rencontrent ; ils sont presque toujours des étrangers par rapport à la profession médicale elle-même.

La situation du médecin est loin d'être simple et confortable : elle est écartelée entre des exigences apparemment universelles (la médecine est une science, elle vise à guérir, à soigner, à soulager la souffrance quelle qu'elle soit) et une multitude d'exigences particulières divergentes, émanant, d'une part, des professionnels eux-mêmes qui ne partagent ni les mêmes priorités (de recherche, d'efficacité technique, d'écoute, de conseil, d'assistance, …) ni les mêmes convictions (athées, chrétiens, etc.) et émanant, d'autre part, des personnes – patients, clients, consommateurs – qui expriment leurs demandes à partir de leur contexte propre.

Compte tenu de cette irréductible complexité, ni du point de vue des praticiens et ni de celui des consommateurs, une conception et une organisation uniques de la médecine et du système de santé ne sont viables et justifiables. Engelhardt remarque cependant aussi que dans une certaine mesure, les médecins – ou du moins une certaine catégorie de médecins – devraient se comporter comme les bureaucrates ou les fonctionnaires d'un vaste État laïque et pluraliste en accordant un service égal à tous les individus et à toutes les communautés qui le sollicitent. Ou encore des médecins devraient pouvoir indiquer à un patient où trouver un praticien ayant des conceptions éthiques proches des siennes, un peu à la manière dont un généraliste conseille la consultation d'un spécialiste. Engelhardt évoque à ce propos la « classe universelle » de Hegel[1]. Dans ce rôle de « fonctionnaire universel », le médecin devrait pouvoir s'appuyer sur une large « (méta)culture du multiculturalisme » de la société dans laquelle il exerce sa profession.

SANTÉS ET SYSTÈMES DE SANTÉ MULTIPLES

Les concepts de santé fonctionnent à la fois négativement et positivement. D'un côté, les concepts de santé indiquent les états à éviter. En ce sens, ils visent l'absence d'une maladie ou d'un trouble particuliers. Etre sain revient à ne pas être malade. Les concepts de santé fonctionnent ordinairement dans le sens opposé à celui suggéré par l'Organisation Mondiale de la Santé dans sa déclaration de 1958 affirmant que « la santé est un état de bien-être physique, mental et social complet, et pas simplement l'absence de maladie ou d'infirmité. » En ce sens, comme dans d'autres, il n'y a pas seulement de nombreuses maladies, mais aussi de nombreuses santés. (…) il ne sera pas possible de découvrir une délimitation claire entre corriger des anomalies et améliorer (enhance) des potentiels. Par exemple, le traitement de la ménopause corrige-t-il des anomalies ou augmente-t-il simplement le bien-être de l'individu? Afin de distinguer entre guérir une maladie et améliorer la nature, on doit avoir la notion de ce qui est typique, normatif ou naturel pour une espèce. Au sein du polymorphisme des caractères des espèces réelles, on doit reconnaître un modèle directeur permettant de discerner entre ce qui comptera pour la restauration de l'état normal et ce qui serait une amélioration fonctionnelle. En

---

1. *FB*, p. 298.

dehors d'une conception particulière de la nature humaine, de ses finalités et de ses valeurs, il n'est pas possible d'opérer de telles distinctions et d'avoir un tel discernement. (...)

Considérez comment les maladies sont caractérisées comme maladies génétiques, infectieuses ou environnementales, bien qu'une maladie déterminée puisse être influencée par ces trois facteurs. La tuberculose, par exemple, est « due » à des influences génétiques, infectieuses et environnementales. On en parle ordinairement comme d'une maladie infectieuse à cause de l'utilité générale de cette désignation. La voir comme une maladie « infectieuse » focalise notre attention et oriente le traitement vers le facteur causal qu'il est le plus utile de combattre. La médecine souligne les facteurs causaux accessibles à l'intervention médicale. (...) Dans la plupart des circonstances, cela ne vaut pas la peine de faire attention à tous les facteurs impliqués par une explication causale complète. Au contraire, on se concentre sur les facteurs les plus aisément manipulables. La médecine, comme la loi, tend à souligner les causes qui peuvent être éliminées, anticipées ou utilement manipulées. (...) Des institutions sociales importantes telles que la loi ou la médecine diffèrent par les jugements défavorables qu'elles portent sur des événements indésirables. Voyez comment un comportement antisocial peut être compris soit comme un péché, ou comme un crime, ou comme une faute morale, ou comme une maladie (un trouble mental). En s'efforçant de caractériser un comportement comme maladie plutôt que comme péché, faute morale ou crime, on ne tente pas seulement de situer ce comportement au sein d'une institution capable de résoudre le problème. On choisit aussi parmi les diverses attributions de valeurs possibles pour le phénomène considéré. (...) Il y a des avantages et des désavantages à voir un comportement perturbateur comme un crime, un péché, une faute morale ou une maladie.

Dans certaines circonstances et selon certaines perspectives, il est plus important, utile et plausible de voir les individus comme responsables de leurs actes et de les punir ou de les rééduquer, au lieu de les traiter médicalement. Dans d'autres situations, il est plus utile et plausible de voir le comportement comme causalement déterminé et ouvert à la manipulation technologique. (...) Une communauté catholique romaine traditionnelle aura probablement une compréhension de la santé, de la maladie, des désordres, des déviances et des handicaps, tout à fait différente de celle partagée par une communauté cosmopolite laïque. Leurs constructions différentes de la réalité médicale peuvent être intégrées dans des systèmes de soins de santé alternatifs, comportant des interprétations tout à fait différentes de ce qui compte comme maladie à traiter, ainsi que de la part des dépenses à prendre en charge par la communauté. Au sein de systèmes communautaires différents, la conception des rôles du malade et du médecin comparé à celui du prêtre peut varier largement. (...) Les limites de l'éthique laïque et de l'autorité générale de l'État accordent de la place pour la diversité d'appréciation et d'action sur la réalité médicale. Cette situation fournit l'une des nombreuses raisons pour ne pas établir un système de soins de santé unique incluant tout le monde. Il n'y a pas de vue laïque substantielle et canonique de la réalité médicale, de la maladie, de la santé et des soins de santé. Il y a des communistes cubains, des Juifs orthodoxes, des Musulmans chiites, des païens New Age, des féministes, des machistes, des Baptistes du Sud, des Chrétiens orthodoxes, avec leurs visions de la réalité médicale et des soins de santé appropriés.

(*FB*, p. 206-207, 223-224, 227)

3. DE LA BIOÉTHIQUE À LA PHILOSOPHIE POLITIQUE

3.1. *Un apport hégélien*

La dette d'Engelhardt à l'égard de Hegel est plus explicitement reconnue dans *The Foundations of Christian Bioethics* :

> La philosophie de Hegel, postérieure aux Lumières, fournit une base raisonnée en vue d'une éthique s'accommodant de l'irréductible contingence et diversité des positions morales. Elle fournit la justification rationnelle à la fois pour la contribution de la bioéthique chrétienne à la guidance morale particulière de réseaux de soins de santé chrétiens, et pour une bioéthique laïque guidant la politique de la santé établie par l'État[1].

En ce sens, Hegel jette le pont qui va de la modernité à la postmodernité, sans abandonner la première. Engelhardt reprend la distinction hégélienne entre *Moralität* (la dimension éthique universelle du sujet rationnel) et *Sittlichkeit* (les morales coutumières, particulières) et y lit la nécessaire contingence de toute morale substantielle. Mais en même temps, il y reconnaît aussi la nécessité et la possibilité d'un point de vue éthique formel, à un autre niveau que les communautés et les familles : le niveau de la société laïque et pluraliste, ainsi que de l'État qui la garantit[2]. Pour qu'un tel État et une telle société soient viables, il faut non seulement une bureaucratie qui leur permette de fonctionner (« la classe universelle des fonctionnaires »), mais il faut surtout qu'une très large majorité de personnes se reconnaissent comme citoyens et entretiennent, en dépit de leurs appartenances communautaires et/ou de leur

---

1. *Op. cit.*, p. 74.
2. *Op. cit.*, p. 92.

individualisme, un intérêt suffisant pour une vaste société pluraliste régulée par un État laïque [1].

Dans quelle mesure, les démocraties réalisent-elles cet idéal?

3.2. *La démocratie contemporaine « limitée »*

L'idée démocratique remonte aux cités grecques culturellement homogènes, circonscrites dans l'espace et par le nombre des citoyens. Les démocraties des vastes États contemporains, ouverts aux flux migratoires, ne sont pas conceptualisables à partir de l'archétype antique [2]. Elles comprennent une profonde hétérogénéité de communautés et d'individus que l'État n'a pas le droit de supprimer ou de restreindre abusivement au nom d'idées modernes (rationalismes totalitaires) ou pré-modernes (théocraties). Engelhardt propose la notion de « démocratie limitée » :

> Les démocraties limitées sont moralement engagées à ne pas se vouer à une vision particulière du bien; elles assurent la structure sociale grâce à la protection de laquelle les individus et les communautés peuvent poursuivre leurs propres visions divergentes du bien [3].

Dans cette perspective très libérale, nous sommes confrontés à l'alternative suivante. *Ou bien*, sur la base du PP, la très large majorité des personnes préfèrent une existence la plus individualiste possible ou font un choix de vie strictement communautaire : dans cette hypothèse, la désintégration des grandes sociétés contemporaines semble inévitable et il est douteux qu'elle ait lieu sans violence et sans chaos. *Ou bien*, l'intérêt pour la cohabitation et la coopération transcommu-

---

1. *FB*, p. 420.
2. *FB*, p. 6 et 10.
3. *FB*, p. 120.

nautaire pacifiques est suffisamment partagé, et il faut trouver des règles universellement acceptables dont l'État laïque sera le gardien.

Engelhardt pense avoir montré que de telles règles ne sont pas à découvrir sur base de l'examen d'intuitions morales associées aux PB et PJ, car elles sont irréductiblement divergentes. Elles doivent être inventées, construites, négociées et acceptées par tous. Elles doivent, en tous cas, respecter le PP qui garantit à l'individu ou à la communauté pacifiques le droit de rester indépendants, si tel est leur choix. Cette exigence fondamentale entraîne que la philosophie politique et la biopolitique engelhardtiennes se signalent surtout par des règles et des principes négatifs dirigés contre les abus actuels et potentiels des États. Le respect de la propriété privée y joue un rôle aussi important que le PP.

L'AUTORITÉ LIMITÉE DE L'ÉTAT LAÏQUE

La réévaluation de l'État, vu l'échec à fonder des prétentions substantielles relatives à la morale et à l'autorité politique par un appel à la raison, ne dépouille pas l'État de tout sens et de toute importance. L'État est précisément cette structure sociale au sein de laquelle on peut comprendre une autorité morale liant des personnes et des communautés aux visions morales différentes et à travers laquelle un droit général à l'abstention (general rights to forbearance) *peut être garanti. L'État est une façon de réaliser une organisation sociale qui ne soit pas simplement une autre communauté. L'une des nombreuses erreurs des Lumières est de tenter de découvrir dans la raison la base canonique de vastes communautés laïques pourvues d'autorité. Cet espoir s'est révélé vain. L'État doit être plutôt une structure sociale qui englobe une diversité de communautés et protège les droits à la fois de ces communautés et des individus qui en sont membres. Si l'on pense à l'État comme à une communauté, on est tenté d'imposer une ligne idéologique particulière, la correction politique ou une vision substantielle canonique de la vie morale. (…) La source ultime de l'autorité morale d'un gouvernement est le consentement effectif des citoyens aux actions gouvernementales. Cette condition n'est pas aussi difficile à rencontrer que l'on pourrait le craindre a priori. À tout moment, des individus pacifiques sont autorisés à défendre l'innocent contre l'usage de la force; de la même manière, les gouvernements sont autorisés à protéger l'innocent contre des crimes tels que le meurtre, le viol et le vol. Comme il est moralement louable de pousser les individus à honorer des contrats auxquels toutes les parties ont consenti, de même les gouvernements sont moralement autorisés à faire respecter des contrats enregistrés liant des citoyens. Toutes ces actions gouvernementales jouissent d'une autorité morale laïque indiscutable, car tous les individus pacifiques impliqués sont consentants. (… Par contre,) les vastes États pluralistes ont une autorité morale limitée pour imposer à tous une politique déterminée de santé publique. En conséquence, les citoyens n'ont pas à – en vérité, d'un point de vue laïque général, ils ne devraient pas – collaborer avec l'État qui empêche, en usant de la force publique, des citoyens de vendre ou d'acheter des soins de santé de base ou de luxe. Ils doivent garder leurs distances à l'égard de l'usage de la force de l'État contre des individus «coupables» de crimes sans victimes, quelle que soit l'immoralité qu'ils reconnaissent à ces crimes (à savoir des crimes auxquels ont librement accepté de participer tous ceux qui y sont impliqués: vente de pornographie, prostitution, vente d'héroïne et de marijuana, ou l'offre de meilleurs soins de santé de base en violation du système de soins de santé national). Les inépuisables marchés de la pornographie, de la prostitution, de la drogue et des meilleurs soins de santé privés doivent être tolérés à cause du droit de l'homme fondamental au marché noir – un droit qui exprime les limites de l'autorité étatique acceptable. (...) D'un point de vue laïque général, il est prudent d'obéir à toutes (ou à la plupart? ou à certaines?) les lois et réglementations du gouvernement dont on dépend, mais l'autorité morale générale des gouvernements pour élaborer semblables lois et réglementations n'est pas aussi solidement établie que l'autorité morale d'entreprises multinationales, telles que IBM, Dow Chemicals ou Exxon, pour élaborer des règles applicables à leurs employés, ou l'autorité morale de syndicats relativement à leurs membres, en supposant qu'employés et syndiqués ont été engagés sans contrainte. Les gouvernements sont moralement suspects, car ils utilisent traditionnellement la force afin de contraindre ceux qui sont sur leur territoire à se soumettre à leur autorité.*

(*FB*, p. 177, 171, 173, 174)

3.3. *Le principe de propriété*

Le Principe de propriété[1] est indissociable du PP, source de toute autorité morale laïque et donc base de tout droit et de toute politique légitimes. Ce qui est possédé est dans la sphère de la personne propriétaire, quasiment partie d'elle, et doit être, à ce titre, respecté comme elle, c'est-à-dire ne pas être touché sans sa permission. Engelhardt situe sa conception du droit de propriété dans le sillage de Locke et de Hegel[2]. Fondamentalement, ce sont les personnes qui possèdent. Elles se possèdent elles-mêmes (leur corps) et ce qui est diversement le

1. *FB*, p. 164 *sq.*
2. *FB*, p. 155 *sq.*

produit de leur activité : enfants, animaux (élevage, chasse), artefacts. Une personne peut être propriétaire d'une autre personne si celle-ci y a librement – contractuellement – consenti. Ce type de propriété présente même une généalogie plus transparente que l'appropriation de choses sans maître, précisément parce que la personne source de toute autorité peut consentir alors que l'appropriation primitive de choses (matières premières, territoires, etc.) se fait sans qu'aucune permission ne soit accordée. C'est pourquoi Engelhardt estime que le prélèvement d'une sorte de taxe sur l'utilisation privée de choses qui originellement étaient à tous ou à personne est légitime. La collecte et la redistribution de cette taxe devraient avoir lieu au plan international, car cette taxe s'applique aussi aux possessions des communautés et des États [1]. Elle pourrait, notamment, être consacrée au financement d'un système de santé public, universel et laïque.

Le principe de propriété est un principe fondamental et la personne est absolument libre de faire ce que bon lui semble de ce qu'elle possède aussi longtemps qu'elle respecte les autres et leurs possessions. C'est pourquoi il existe moralement un « droit au marché noir », dès lors que l'État entreprend d'interdire ou de contrôler abusivement l'échange de biens et de services entre des propriétaires légitimes [2]. Ce point revêt une portée biopolitique immédiate, si l'on songe à toute une série d'activités et de « biens » présentant une utilité bio-médicale que les États s'efforcent le plus souvent de réguler très strictement ou de placer « hors marché » : transferts d'organes et de tissus, gamètes, embryons, mère porteuse, IVG, molécules psychotropes, produits dopants, organismes vivants, séquences géniques, médecine de convenance, etc.

---

1. *FB*, p. 158.
2. *FB*, p. 166.

Les marchés, les communautés et les entreprises multinationales sont généralement beaucoup plus en phase avec le PP
et le Principe de propriété que les États qui imposent des taxes
et des contraintes sur des personnes qui ne sont pas libres de
devenir, de demeurer ou de cesser d'être des citoyens des États
où le hasard les a fait naître. Les personnes sont, en revanche,
libres d'échanger sur les marchés, de devenir membres de
communautés et de les quitter, de se lier contractuellement
comme travailleurs dans des entreprises privées[1]. Les marchés
sont tout particulièrement propices au libre jeu des principes
laïques de permission et de propriété, car ils sont transcom-
munautaires, non confessionnels et même transnationaux. Les
États oublient trop facilement que la seule source de leur
autorité morale, en tant qu'ils sont des États laïques, est le
consentement des personnes, et que leur seul devoir constitutif
est la protection des personnes, le respect du PP.

LE PRINCIPE DE PROPRIÉTÉ

*L'exemple hégélien paradigmatique de possession est
la possession de nous-mêmes. Il n'existe rien que nous ne
possédons ou utilisons plus pleinement que nous-mêmes. Nous
rendons les choses nôtres en les mangeant et les dévorant, en
nous les incorporant. (…) Le problème est de rendre compte
des autres formes de propriété. C'est un problème autant pour
les individus que pour les sociétés. Comment un individu ou
une société possèdent-ils des outils ou un territoire ? Si les
autres se possèdent comme nous nous possédons, ils peuvent
transférer ce titre de propriété en partie ou en totalité. Les
droits de propriété dans le domaine des services assurés par*

---

1. *FB*, p. 159 et 174.

d'autres personnes sont directement basés sur la permission, l'éthique du respect mutuel.(…) En somme, la servitude contractuelle offre l'exemple le plus clair d'une propriété conceptuellement transparente. Quelqu'un peut avoir autrui en propriété dans la mesure où autrui s'est transformé librement soi-même en propriété. (…) On possède aussi ce que l'on produit. On peut songer ici à la fois à des animaux et à des jeunes enfants. Dans la mesure où ils sont les produits de l'ingéniosité ou des énergies de personnes, ils peuvent être des possessions. (…) Par exemple, il semble tout à fait plausible, à l'intérieur des bornes de l'éthique laïque générale, que des plantes, des microbes, des zygotes humains, puissent être façonnés comme des produits, et achetés ou vendus comme s'ils étaient simplement des choses. En revanche, les prétentions sérieuses à la propriété faiblissent à mesure que des enfants deviennent des personnes se possédant elles-mêmes. En ce qui concerne les objets, l'on n'a pas à considérer que la matière elle-même est possédée. Au contraire, on doit affirmer que c'est la forme imposée par le producteur comme une extension de soi-même qui, dans l'objet, est possédée. (…) Dans la mesure où les animaux n'ont pas de conscience réflexive et ne sont pas capables de se regarder comme soumis à la loi morale, ils sont, en partie, des choses que l'on utilise, refaçonne, ou capture simplement. (…) La difficulté insistante concerne la matière brute elle-même, à partir de laquelle les productions sont faites. En tant que non transformée, elle ne paraît pas pouvoir être la propriété d'une personne particulière. À la plupart des personnes, il paraît possible de parler du droit de tous à un accès égal à la matière brute. (…) C'est pourquoi des taxes peuvent être recueillies comme le paiement dû aux autres par un individu qui à travers son travail s'est approprié une chose, diminuant par ce fait même la possibilité pour les autres de s'approprier des choses par leur travail.

Semblable taxe devrait être levée au plan international parce que des choses ne peuvent être pleinement possédées ni par des individus ni par des groupes particuliers d'individus (tels que des sociétés particulières ou des États). La matière elle-même, cette dimension des choses qui demeure après leur transformation en produits, reste en co-propriété générale. (…) En réalité, la propriété de fonds communs par des entreprises multinationales devrait apparaître comme moralement bien moins suspecte que la propriété de ressources communes par les gouvernements, car ceux-ci sont beaucoup plus coercitifs que la plupart, si pas toutes, les entreprises nationales ou multinationales. Les entreprises ne contraignent pas les individus à s'engager. Il est beaucoup plus facile de changer d'emploi que de nationalité.

(*FB*, p. 155-159)

3.4. *La question de la justice*

Du point de vue de l'éthique laïque, il ne s'agit pas de nier l'existence d'inégalités et de malheurs innombrables, il s'agit de refuser de les assimiler, quasi automatiquement, à des injustices que les autres auraient le devoir de compenser au nom d'une solidarité imposée. Semblable solidarité ne découle pas du PP; elle ne se justifie qu'au nom de certains PB, c'est-à-dire dans un cadre communautaire, non du point de vue de l'État laïque.

Engelhardt invite à distinguer entre « *unfortunate* » (malheureux au sens de malencontreux, malchanceux) et « *unfair* » (injuste, inéquitable). Les hasards heureux et malheureux qui déterminent et scandent la vie des personnes relèvent des loteries naturelles et sociales. Personne ne peut être déclaré responsable de la loterie naturelle où règnent des forces aveugles impersonnelles[1]. En ce qui concerne la loterie sociale, il faut distinguer entre les malheurs causés, intentionnellement ou non, par des individus, et les autres malheurs liés aux circonstances historico-sociales au sein desquelles une vie individuelle débute et se déroule, et qui sont plus ou moins favorables à l'épanouissement. Les personnes responsables du malheur d'autres personnes sont moralement obligées de compenser, et l'État – la Justice – doit y veiller. Mais si, pour l'une ou l'autre raison, la compensation par le responsable est impossible, aucune autorité laïque n'a le droit d'en reporter la charge sur d'autres individus, sur une collectivité ou sur la société en général.

Si l'on ne respecte pas ces distinctions – spécialement entre *unfortunate* et *unfair* –, si l'on estime que la société a le devoir de compenser toutes les inégalités naturelles et sociales, dont aucun individu actuel ne peut être tenu pour responsable, on s'engage dans un processus de revendication infini de la part des individus, tout particulièrement dans le domaine de la santé.

3.5. *Systèmes de santé publics et privés*

Imposer à tous un système de santé unique est injustifiable d'un point de vue laïque. Un système de santé public régi par l'État est légitime s'il utilise de l'argent public sans puiser abusivement dans les ressources des individus, s'il ne favorise pas une conception particulière de la santé et de la médecine au nom d'une morale déterminée et s'il n'empêche pas le développement de systèmes de santé privés.

---

1. Les progrès de la médecine génétique – diagnostic, prévention, thérapie – qui rendent possibles le choix et l'intervention responsables de personnes dès la conception de personnes futures modifient peu à peu l'étendue de la loterie naturelle.

La première caractéristique d'un système de santé public est donc sa nécessaire limitation. Ces limites dépendent d'abord des choix politiques globaux (répartition des budgets : santé, éducation, défense, culture, recherche, etc.). Mais des limites s'imposent aussi au sein de la répartition du budget de la santé (quelles priorités : prévention ou soins ; maternité ou fin de vie ; compenser quelles maladies, quels handicaps ; rembourser quels médicaments ?). La détermination des besoins même élémentaires dans le domaine de la santé implique des choix dramatiques et se fait suivant des critères objectivables seulement jusqu'à un certain point. En outre, de nombreux problèmes associés à la santé ont des racines économiques, sociales, culturelles, éducationnelles, et devraient être rencontrés sous ces angles-là et non sous celui, trompeusement plus simple, de l'accès à des médications [1].

Engelhardt critique vigoureusement les demandes égalitaristes, volontiers associées aux idéaux de la modernité. Ces demandes sont insoutenables dans le monde réel ; elles procèdent, en outre, d'exigences éthiques abusives d'un point de vue laïque et ont des conséquences dommageables et inacceptables, parmi lesquelles l'imposition exclusive d'un système de santé universel unique. Celui-ci est le fait

> d'un zèle idéologique totalitaire manquant à reconnaître d'abord la diversité des visions morales qui orientent les intérêts en matière de soins de santé, ensuite les limites morales laïques de l'autorité de l'État et, enfin, l'autorité des individus sur eux-mêmes et sur leurs possessions. C'est un acte d'immoralité laïque [2].

La politique associée à l'illusion égalitariste se donne couramment quatre objectifs inconciliables :

---

1. *FB*, p. 385.
2. *FB*, p. 375.

(1) Les meilleurs soins possibles doivent être offerts à tous.
(2) Une égalité dans l'accès aux soins doit être assurée. (3) La
liberté de choix doit être maintenue pour ceux qui fournissent et
pour ceux qui consomment les soins. (4) Les coûts en matière
de soins de santé doivent être contenus [1].

Il n'est pas aisé de reconnaître l'insoutenabilité de ces
ambitions et de les dénoncer ouvertement, car elles concernent
des situations tragiques. L'illusion politique collective qui les
perpétue procède du refus d'affronter la finitude de l'autorité
morale laïque et la finitude des ressources de l'homme devant
la mort et la souffrance, y compris les ressources financières [2].
Engelhardt distingue entre l'égalitarisme par envie ou
jalousie (« *envy* ») et l'égalitarisme par altruisme qui s'émeut
moins des inégalités en tant que telles que des souffrances qui
s'y associent. L'égalitarisme par envie, qui rejette la distinction entre *unfortunate* et *unfair*, postule que tous devraient
effectivement jouir des mêmes biens et services. En matière de
santé, les conséquences d'une telle revendication – de fait,
illimitée – sont surtout négatives. Cet égalitarisme interdit en
principe que quiconque puisse avoir ce qu'un autre n'a pas.
Dès lors, celui qui a les moyens de se faire soigner autrement
qu'en recourant aux traitements basiques universalisables
(lorsqu'ils existent : la rareté et le manque de moyens sont tels
qu'il faudrait renoncer à bien des traitements purement et simplement) se verrait refuser cette liberté vitale ; la R&D devrait
être arrêtée dans de nombreux domaines parce que la mise au
point de nouvelles techniques et de nouveaux médicaments
est très coûteuse de telle sorte que les nouveautés resteront
hors de portée de la plupart pendant longtemps [3]. Même sans
épouser un égalitarisme radical, les intrusions de l'État dans

1. *FB*, p. 376.
2. *FB*, p. 377.
3. *FB*, p. 386 *sq*.

les rapports très personnels que les individus sont libres de nouer en respectant le PP, intrusions qui conduisent à interdire ou à restreindre la liberté individuelle, sont injustifiables en termes d'éthique laïque. Cela concerne autant la vente d'organes, l'euthanasie, l'avortement ou le clonage, que la médecine de convenance et, surtout, la légitimité générale d'organiser des systèmes de santé privés. L'interdiction dans ces domaines personnels et vitaux est un abus qui justifie la résistance, y compris l'organisation de marchés parallèles[1] qui fleurissent dès qu'une société méconnaît la finitude humaine et/ou la liberté individuelle.

L'État laïque ne peut interdire l'organisation de systèmes, d'institutions, de réseaux de santé privés dont la diversité s'alimente principalement à deux sources susceptibles de se croiser : celle des moyens financiers et celle des convictions morales (les multiples PB). Systèmes de soins de santé *low tech* ou *high tech*, paternalistes ou libertariens, pour athées ou catholiques, favorisant le bénévolat et l'assistance charitable ou accordant de fortes réductions en matière d'assurance pour ceux qui acceptent le DPN[2] suivi d'IVG, ou l'euthanasie dans certaines circonstances, etc.[3]. La liberté de choix permise par une telle diversité vaut pour les médecins et le personnel soignant autant que pour les patients et les multiples consommateurs de soins de santé. Rien ne devrait s'opposer à l'organisation de réseaux transnationaux de telle sorte que l'individu pourrait trouver dans n'importe quelle région du monde des médecins et des hôpitaux conformes à ses choix éthiques. Des institutions de ce genre, plus ou moins développées, en liaison avec certaines religions (juive, catholique, par exemple), existent déjà depuis longtemps.

1. *FB*, p. 385.
2. Diagnostic Pré-Natal.
3. *FB*, p. 357-358.

Systèmes de soins de santé publics et privés

Les systèmes de soins de santé publics sont des tentatives communes pour s'assurer contre les pertes aux loteries naturelles et sociales par le moyen d'une planification de la bienfaisance humaine. (...) Les analyses dans ce volume des principes de permission et de bienfaisance ainsi que des droits de propriété soutiennent un système de soins de santé multiple. D'une part, toute propriété n'est pas privée. Les nations et d'autres organisations sociales peuvent investir leurs ressources communes afin d'assurer leurs membres contre les pertes aux loteries naturelles et sociales. D'autre part, toute propriété n'est pas commune. Il y a des titres de propriété privée que les individus peuvent librement échanger contre des services d'autrui. L'existence d'un système (officiel ou non) multiple dans quasi toutes les nations et sociétés reflète l'existence à la fois de droits privés et communs, de choix sociaux et d'aspirations individuelles. Un système à deux niveaux avec une distribution inégale des soins de santé est à la fois moralement et matériellement indispensable. Compte tenu des tragédies inévitables et des intuitions morales contradictoires, un système de santé multiple constitue, à maints égards, un compromis. D'une part, il procure à tous un certain nombre de soins de santé, tout en permettant, d'autre part, à ceux qui en ont les moyens d'acheter des services supplémentaires et meilleurs. (...) Un système multiple (1) devrait soutenir les individus fournisseurs et consommateurs contre les tentatives d'interférences (de l'État, GH) dans les libres associations et l'utilisation de ressources propres, mais (2) peut autoriser la création de droits positifs à des soins de santé pour les individus qui n'ont pas été avantagés par la loterie sociale. La tâche importante est de décider comment définir et procurer un minimum décent ou un niveau de base de soins pour tous les membres d'une société, tout en permettant à l'argent et au libre choix de développer des organisations spéciales de services pour les fortunés. (...) Dans des nations, comme le Royaume-Uni, le minimum décent de soins peut ne pas inclure l'hémodialyse pour les individus d'un certain âge ou le pontage coronaire à l'exception des individus ayant le plus de chances de survie. Pour beaucoup, ailleurs, semblable définition du minimum ne sera pas considéré comme décent. Pour les Catholiques romains et pour d'autres au Royaume-Uni, le soutien de l'avortement par la Santé Publique sera inacceptable, rendant moralement problématique l'ensemble de base du Royaume-Uni. (...) La diversité justifie que des groupes particuliers définissent un ensemble de soins de santé reflétant des préoccupations morales concernant, par exemple, la manière appropriée de prodiguer des soins, plutôt que le souci de l'accès à un ensemble de base meilleur ou à des soins de santé de confort. Ainsi, avec le souci d'éviter d'avoir à supporter des soins moralement inappropriés (tels l'avortement et l'euthanasie) et afin d'établir au plan mondial un ensemble de base pour tous ses membres, on peut imaginer que l'Église catholique romaine demande à tous ses membres de verser à l'Église quarante pour-cent de leurs impôts pour les soins de santé. De cette manière, tous les catholiques romains seraient assurés, partout dans le monde, de bénéficier d'un ensemble de base en accord avec leurs convictions morales. Et ceux qui souhaiteraient plus pourraient l'acheter. (...) Un des avantages moraux de cette approche est que l'on ne serait pas engagé dans l'offre de soins de santé que l'on saurait être contraires à la morale. En particulier, on ne serait pas imposé pour soutenir ce que l'on reconnaîtrait comme des entreprises immorales. Mieux: on pourrait clairement prendre ses distances par rapport à leur organisation. Des ensembles divers de soins de santé pourraient, dans certaines circonstances, être fournis à l'intérieur d'un même immeuble, exactement comme les hôpitaux proposent des chambres privées et semi-privées. (...) Quiconque opérerait des avortements dans un hôpital anti-avortement pourrait être civilement et pénalement condamné. À l'extérieur des communautés partageant la même vision morale, il faudrait élaborer une politique en vue de l'usage des ressources publiques. Ceci pourra généralement se faire, de la manière la meilleure, par le dialogue entre citoyens, politiciens et experts en soins de santé. On pourra, ainsi, se donner les moyens de définir pour tous les citoyens un ensemble de base de soins de santé.

(*FB*, p. 398-401)

VOLONTAIRES ET MERCENAIRES POUR LA RECHERCHE BIOMÉDICALE

S'il est moralement acceptable que des individus se portent volontaires pour servir dans les forces armées, il devrait être également moralement acceptable que des individus soient volontaires pour les forces de la recherche. En fait, on peut parfaitement imaginer pourquoi il serait utile d'avoir une population stable d'individus très bien payés et très motivés pour participer à la recherche sur l'homme. De tels individus pourraient être contractuellement empêchés de se soustraire à une forme particulière de recherche, exactement comme les individus qui ont rejoint les forces armées ont abandonné le droit de refuser de participer à certaines activités. Pareille approche de la recherche serait en violation des réglementations actuellement en vigueur. Il y a aussi un vaste éventail de recherches possibles dont l'approbation par des comités d'éthique de la recherche au sein d'institutions recevant des subventions fédérales est improbable, mais qui ne constitueraient pas des violations des principes de permission et de bienfaisance. Il s'agit de recherches allant de ce qui est extrêmement dangereux à ce qui est très largement rétribué. En dehors d'une vision déterminée de la bienfaisance, il n'y a pas de fondement pour interdire à des individus de se porter librement volontaires pour la recherche à risque élevé, spécialement si elle promet de grands bienfaits pour autrui. Nombreux sont ceux qui approuvent ce type de recherche en cas d'auto-expérimentation. On peut songer ici au Prix Nobel Werner Forssmann qui a cathétérisé son propre cœur. Ainsi que nous l'avons vu en examinant la question de la manipulation pacifique, il n'y a pas de mal à offrir à des individus autant d'argent qu'il est nécessaire afin d'acquérir leurs services, dans la mesure où l'offre elle-même ne les rend pas incapables de choisir. De la même manière, il n'y a pas, en principe, de raison d'interdire une recherche que la plupart pensent être à la fois sans valeur et nuisible. On pourrait songer ici aux avocats d'approches non orthodoxes des soins de santé, cherchant des fonds privés pour conduire leurs essais thérapeutiques. De telles recherches n'ont pas à être soutenues par ceux qui les jugent nuisibles ou mal orientées. Toutefois, si les individus impliqués peuvent comprendre et apprécier les risques, leurs choix doivent être tolérés. On devrait être aussi tolérant à l'égard des martyrs des vues non conventionnelles de la science que l'on est tolérant à l'égard des martyrs de ce que d'autres tiennent pour des vues non conventionnelles de la religion (par exemple, le Témoin de Jéhovah adulte décidant de mourir plutôt que d'accepter une transfusion sanguine, ou la Catholique convaincue préférant mourir plutôt que d'accepter un avortement destiné à la protéger contre une défaillance cardiaque due à la tension excessive imposée à un cœur malade).

(FB, p. 333-334)

4. LA BIOÉTHIQUE ENTRE PRÉMODERNITÉ, MODERNITÉ ET POSTMODERNITÉ

4.1. *Bioéthique et prémodernité*

Suivant Engelhardt, l'histoire de l'Occident est, au plan moral, celle d'un éloignement progressif de la foi chrétienne véritable préservée, depuis plus de mille ans, par les Églises chrétiennes orthodoxes orientales. C'est à ce christianisme primitif que *The Foundations of Christian Bioethics* réfère [1]. Ce christianisme du premier millénaire a été abandonné en Europe occidentale à travers les vicissitudes du Schisme, de la Réforme, des guerres de religions et, enfin, de la sécularisation associée au mouvement des Lumières, débouchant au-delà des totalitarismes de la Raison dans le nihilisme postmoderne contemporain caractérisé par la désaffection morale et les menaces de conflits violents.

La réponse d'Engelhardt à cette situation de crise comporte deux aspects :

1) le retour à la foi et à la morale inspirées par le christianisme originel, mais dans le respect absolu du PP, c'est-à-dire sans le zèle universaliste qui tendrait à imposer la vraie foi par la force et la contrainte ;

2) la préservation de l'État laïque, sans les idéaux et les fondements rationalistes modernes, c'est-à-dire principalement comme le gardien du PP, garantissant le respect de la liberté individuelle ainsi que des contrats librement consentis, et assurant, ce faisant, la paix universelle en même temps que l'autonomie des communautés.

---

1. Titre quelque peu trompeur dans la mesure où un très grand nombre de théologiens chrétiens et de croyants catholiques et protestants ne se reconnaissent pas dans ce christianisme ni dans la bioéthique qui en procède. Le lecteur trouvera un exposé de la bioéthique chrétienne orthodoxe dans la NEB.

Le christianisme orthodoxe inspire une bioéthique paternaliste, très conservatrice, proche à de nombreux égards des fondamentalismes et de certains intégrismes catholiques et protestants. Pour Engelhardt, – on ne saurait assez le souligner et c'est la principale motivation de la seconde édition des *FB* – tout ce que l'État laïque n'a pas l'autorité morale d'interdire légitimement et qu'il doit donc tolérer est très éloigné d'être moralement bien. S'il n'y a pas d'autorité laïque pour interdire l'euthanasie, l'avortement, le clonage reproductif, etc., cela n'empêche pas que de telles pratiques sont des maux absolus qui vouent, littéralement, leurs auteurs aux flammes de l'enfer.

Les réponses prémodernes encourageant le retour à la métaphysique, à l'ontologie, à la théologie et à des traditions morales précritiques ne sont pas rares en bioéthique. L'intérêt de l'œuvre d'Engelhardt est dans sa radicalité, son intransigeante lucidité, son souci philosophique de tenir compte de tous les aspects du problème, où certains verront toutefois une position intenable ou un double (voire un triple) langage. La plupart du temps, les partisans d'une bioéthique prémoderne ne s'encombrent pas d'une telle complexité et prônent, ouvertement ou non, le retour ou le maintien d'une politique d'État inspirée par des valeurs et des principes religieux et imposant une réponse unique aux questions bioéthiques les plus sensibles. La bioéthique selon Hans Jonas s'inscrit dans cette tendance. Elle dénonce à la fois la modernité et la postmodernité comme également nihilistes et s'engage, à contrecœur, dans une argumentation prétendument rationnelle et universelle, en regrettant les époques paternalistes et dogmatiques au cours desquelles la vraie foi et le bien véritable s'imposaient. Hans Jonas s'efforce ainsi, dans le *Principe Responsabilité*, de fonder la bioéthique – qui est appelée à guider une biopolitique aux mains d'un Conseil de Sages – sur une philosophie de la nature finaliste et sur une anthropologie centrée autour de la

notion de « nature humaine » à l'image de Dieu. Cette bioéthique requiert le Droit et la force publics pour prohiber absolument des actes – jugés en effet immoraux (et contre-nature)
par certains, mais par certains seulement – qu'un État laïque
n'a pas l'autorité morale d'interdire [1].

Un exemple plus récent illustrant une prétention à maints
égards similaire est offert par Francis Fukuyama [2]. Essayiste
bien connu de la « fin de l'histoire » réalisée dans la démocratie
libérale à économie de marché, Fukuyama est membre de la
Commission Nationale de Bioéthique des États-Unis sous la
Présidence de G.W. Bush qui lui a imprimé une coloration
nettement conservatrice, chrétienne de droite. Fukuyama
estime que la R&D biomédicale et biotechnologique comporte
le risque de relancer l'histoire humaine en rompant l'association « inégalité de fait mais égalité de droit » de tous les
individus, qui caractériserait la démocratie libérale. Grâce
aux développements de la génétique et de la neurologie, des
sociétés ou des individus pourraient introduire, par exemple,
soit un eugénisme étatique d'égalisation biologique de tous
soit un eugénisme privé élitiste. Il faut donc suspendre ou
arrêter définitivement la R&D dans certains domaines, car « il
ne peut y avoir de fin de l'histoire à moins qu'il n'y ait une fin
de la science. » (O.C., *Préface*). Or, orienter sélectivement la
R&D est une affaire politique qui renvoie, en ce qui concerne
ses bases, à la théologie et à la philosophie. Le fondement
avancé par Fukuyama est l'affirmation d'une « nature (ou
essence) humaine » sacrée (intangible), universellement
partagée. Elle est la base de l'égale dignité de tout individu

_____

1. Pour une critique plus détaillée des fondements de la bioéthique
biopolitique jonassienne, voir notre article, « Une analyse critique du néo-
finalisme dans la philosophie de Jonas » dans Hottois G. et Pinsart M-G. (éd.),
Hans Jonas. Nature et Responsabilité, Vrin, Paris, 1993.

2. *Our Posthuman Future*, Farrar, Straus et Giroux, New York, 2001.

ainsi que de ces caractères proprement humains que sont le désir de reconnaissance (la lutte des consciences) et le désir de propriété. Fukuyama reconnaît que la réaffirmation de la notion-valeur de « nature humaine » est difficile et « qu'il y a un besoin désespéré pour la philosophie de retourner vers la tradition pré-kantienne qui fonde les droits et la moralité dans la nature »[1]. Fukuyama s'y emploie en ranimant la notion de « droit naturel » et en cherchant aussi des preuves empiriques (biologiques) de l'existence d'une nature humaine.

Ce ne sont pas les contradictions et incohérences de l'entreprise, pas plus que les inquiétudes exprimées, qui nous importent ici, mais bien le projet général qui tient en peu de mots : fonder l'autorité d'une biopolitique publique sur une construction philosophique et théologique prémoderne dogmatique, à l'aide d'une rhétorique d'allure universelle, légitimant l'usage de la force publique pour imposer des normes et des valeurs enracinées dans « une image de l'homme » et dans des intuitions-émotions morales (le clonage – ou l'homosexualité, etc. – est immoral car répugnant) véhiculées par certaines composantes de la tradition et de la culture judéochrétiennes. Car il s'agit bien d'une « rhétorique ontologique » à visée ultimement politique : « Une grande part de notre monde politique repose sur l'existence d'une "essence" humaine stable dont la nature nous a dotés, ou plutôt, *sur le fait que nous croyons* qu'une telle essence existe »[2].

Quoiqu'à partir de ses convictions biomorales chrétiennes, Engelhardt pourrait s'accorder avec Jonas et Fukuyama sur de nombreuses valeurs et normes, il dénonce la rhétorique philosophique destinée à produire l'illusion d'universalité de ces règles, ou plus exactement l'apparente légitimité morale

---

1. *O. C.*, p. 112.
2. *O.C.*, p. 217 [Nous soulignons].

de l'autorité de l'État et du Droit qui entreprendrait de les imposer à tous par la force.

4.2. *Bioéthique et modernité*

La modernité entretient des idéaux personnels (promouvoir l'autonomie en soi-même et en autrui) et socio-politiques (égalité, justice). Engelhardt y lit l'expression d'un PB particulier, produit de la sécularisation des idéaux chrétiens, dont l'universalisation par la raison s'est cependant avérée impossible et même dangereuse (totalitarismes).

Engelhardt rejette la valorisation moderne substantielle de la liberté qui comporte l'impératif de la promotion de l'autonomie en soi-même et en autrui et qui, transposée au plan politique, implique des lois « d'émancipation rationnelle forcée » contraires à de nombreuses préférences et convictions communautaires et individuelles. Par contre, il estime devoir et pouvoir préserver une conception formelle de la liberté[1] exprimée par le PP. À la base de celui-ci, il y a l'idée que les individus sont toujours assez libres, quelle que soit leur situation, pour consentir ou refuser, dès lors qu'aucune contrainte ni menace physiques (dans un sens très large incluant, par exemple, des empêchements psychiques provoqués à l'aide de drogues, etc.) ne sont exercées sur eux. Complément politique du PP, l'État laïque n'a d'autre mission légitime que faire respecter – en recourant à la force si nécessaire – le PP ainsi que les contrats conclus sur cette base.

---

1. Trois usages de la notion de liberté paraissent ici en concurrence : (1) la liberté substantielle valorisée dont l'expression culminerait chez Kant : synthèse de la raison et de la volonté, elle constitue l'essence et le devoir de l'être humain en tant que personne (entité spirituelle autonome) ; (2) la liberté formelle, vestige de la précédente, exprimée par le PP engelhardtien ; (3) la liberté en tant que désir individuel polymorphe irrationnel, caractéristique de la postmodernité.

On peut douter que le PP soit sans présupposés substantiels, au moins résiduels venus de la modernité. On peut douter qu'il soit sérieusement viable sans la réalisation pour tous des conditions matérielles et culturelles minimales qui rendent le PP intelligible et souhaitable par tous. Et ce minimum peut comprendre beaucoup : une condition économique telle que le recours à la violence contre les fortunés n'apparaisse pas, à un grand nombre, préférable et plus justifié que la cohabitation et la coopération pacifiques ; une éducation qui permette une vision morale à deux niveaux : celle de la neutralité laïque, tolérante, assurant la paix entre les étrangers moraux, et celle des convictions personnelles et communautaires. Notre hypothèse est que la conception engelhardtienne (et, d'une façon générale, le postmodernisme individualiste et multi-communautaire) ne saurait être viable que sur la base d'une modernité qui aurait, pour l'essentiel, réussi à réaliser ses idéaux pour l'ensemble de l'humanité. En attendant cette concrétisation dont le monde contemporain reste fort éloigné, la position illustrée par Engelhardt ne serait audible et souhaitable que pour une fraction du monde développé.

Se pose aussi le problème de l'*existence* de ce qu'Engelhardt appelle « la communauté morale laïque pacifique » rassemblant les étrangers moraux qui respectent le PP. Le terme de « communauté »[1] paraît ici mal choisi dans la mesure où une communauté morale est toujours particulière et régulée par un PB déterminé. Autrement dit, la « communauté morale laïque » n'existe pas en tant que société réelle, pas plus que n'existent des États purement laïques au sens idéal d'Engelhardt. Existent en revanche des sociétés et des États

1. Parfois, Engelhardt distingue entre « une » communauté morale et « la » communauté morale (laïque, pacifique), qui est la condition transcendantale de possibilité de toutes les communautés morales particulières, puisqu'elle ouvre l'espace éthique, l'espace des divers PB (et PNM, et PJ), cf. *FB*, p. 115.

non démocratiques, évidemment condamnés par Engelhardt, et des États plus ou moins démocratiques. Ces derniers fonctionnent suivant le principe de la majorité et les forces collectives – spécialement, les partis politiques – qui les composent visent à l'emporter, chacune s'efforçant d'imposer sa politique. La plupart des critiques d'Engelhardt s'adressent aux gouvernements démocratiques qui imposent, selon lui, beaucoup trop de contraintes positives et négatives aux personnes individuelles et aux communautés particulières, si l'on s'en tient strictement au PP. Dans ce contexte politique, «la communauté morale laïque » – si elle doit être autre chose qu'une construction conceptuelle idéale, vestige de la modernité – tend concrètement et effectivement à n'exister que comme « parti libertarien », défendant le maximum de liberté individuelle et privée, et luttant pour un État minimal radicalement libéral. Dans le même ordre d'idées, les « personnes », censées composer la communauté morale laïque, n'existent pas. Seuls existent des humains qui, à des degrés très divers et variables, présentent les qualités (elles-mêmes très floues) qui caractérisent idéalement les personnes.

Jurgen Habermas est, avec K.O. Apel, l'un des principaux continuateurs de la philosophie moderne à vocation rationaliste et universaliste, dont l'inspiration kantienne s'est enrichie d'éléments venus du rationalisme critique, de la philosophie du langage, du marxisme et de la psychanalyse. Dans son livre, *L'avenir de la nature humaine. Vers un eugénisme libéral?*[1], Habermas tente d'appliquer sa philosophie et son éthique de la discussion au domaine de la bioéthique et de la biopolitique, principalement aux questions soulevées par le diagnostic et l'intervention génétiques. Nous savons que, suivant Engelhardt, un État laïque ne peut légitimement interdire

---

1. Nous renvoyons à la traduction française parue chez Gallimard en 2002.

l'eugénisme. D'autre part, Engelhardt critique les prétentions rationalistes et universalistes de l'éthique habermassienne, car celle-ci ne serait pas dépourvue de contenu substantiel particulier[1]. Sur ce point, la lecture de l'ouvrage de Habermas conduit à abonder dans le sens d'Engelhardt. Habermas estime en effet que « la retenue post-métaphysique » associée au pluralisme « bute sur ses limites dès qu'on aborde les questions relatives à une "éthique de l'espèce humaine" »[2]. Celle-ci est exigée du philosophe comme la réplique aux possibilités inouïes développées par les biosciences et les biotechnologies : « la philosophie ne peut plus échapper à des prises de position substantielles » proclame Habermas[3]. Mais tout en s'appuyant sur des intuitions morales qui ne sont manifestement pas universellement partagées (concernant l'eugénisme, le statut de l'embryon, etc.) ainsi qu'en témoigne expressément la discussion reprise dans le livre[4], Habermas continue d'affirmer l'universalité rationnelle de son éthique de l'espèce humaine. Cette éthique s'ancre dans une certaine conception de l'homme venue de la tradition idéaliste et spiritualiste, métaphysique et religieuse, plus ou moins sécularisée, historicisée et « matérialisée ». Cette conception fait usage du vocabulaire religieux de l'« incarnation »[5] et de

1. *FB*, p. 53 *sq.*

2. Cette expression traduit « Gattungsethik » : « éthique générique » ou « éthique du genre humain » ; et aussi : éthique pour un être – l'homme – qui est « générique », c'est-à-dire que tout individu humain est un universel concret, une incarnation de l'essence humaine, cf. *op. cit.*, note, p. 40.

3. o.c., p. 24.

4. Chap. III, *Post-scriptum à l'« Eugénisme libéral »* relatif à un colloque dirigé par Ronald Dworkin et Thomas Nagel sur les thèses habermassiennes. « Th. Nagel, Th. McCarthy et d'autres collègues tiennent, d'emblée, comme contre-intuitif le fait de supposer…(etc.) », *op. cit.*, p. 119.

5. « … (*la personne*) *ne peut disposer comme elle le souhaite* du mode naturel qui préside à son incarnation corporelle. », *op. cit.*, p. 37. L'indisponibilité du corps de l'individu – au sens où celui-ci ne peut librement disposer de

l'« image de l'homme »[1] pour évoquer l'essence de l'homme concrétisée dans chaque individu et confusément assimilée au génome humain. Elle valorise la nature et le laisser-faire la nature contre les interventions artificielles dans la « nature humaine »[2]. Définissant l'homme par la compétence langagière – véhicule de la raison –, elle juge contraire à l'essence de l'homme et à l'éthique de l'espèce, toute manipulation génétique à laquelle l'individu n'aurait pu acquiescer et qu'il ne pourrait défaire par des moyens discursifs. L'intervention dans le génome d'un individu non encore né, même guidée par les meilleures intentions, entraînerait une rupture irrémédiable de la symétrie, de l'égalité de droit entre les individus, ruinant les bases mêmes de l'éthique de la discussion. Est contre-nature et contre-raison, toute entreprise d'égalisation ou d'amélioration des humains par des moyens autres que symboliques (langagiers-rationnels : éducationnels, communicationnels). L'interdit est absolu, car l'individu humain est un individu générique, de telle sorte que manipuler *un* individu revient à manipuler l'essence générique ou spécifique de l'homme. Pour l'idéaliste, la menace est d'emblée globale. Sauf en ce qui concerne des handicaps gravissimes, il est impératif de s'abstenir de toute intervention génétique : la naissance d'individus naturellement très inégaux, fruits du hasard génétique, est éthiquement acceptable, car les inégalités et les handicaps *factuels* n'entament pas l'égalité *de droit*. Par contre, des interventions eugéniques intentionnelles entraînant une plus grande égalité ou qualité *de fait* ruineraient cette

son propre corps comme d'un bien quelconque qui lui appartiendrait – est aussi vigoureusement soulignée, cf. p. 89.

1. Au-delà ou en deçà du pluralisme, elle est unique et universelle, car l'Homme est une essence, *op. cit.*, p. 64.

2. Voir, par exemple, la section *Croissance naturelle et fabrication*, *op. cit.*, p. 71 *sq.*

égalité *de droit*. Il y aurait beaucoup à dire sur l'idéalisme et le spiritualisme contemporains se coulant dans des linguistiscismes et des biologismes. Ils définissent l'homme comme « l'être naturellement culturel », où « culturel » équivaut à « symbolique, langagier ». Ils excluent toute intervention techno-physique dans cet être naturellement voué à une évolution exclusivement symbolique. Il est clair que des penseurs empiristes, nominalistes, matérialistes ne souscrivent pas à ces présupposés idéalistes jugés intenables, ambigus et confus, hérités de la tradition chrétienne sécularisée. Et ces mêmes philosophes et scientifiques ne peuvent souscrire aux implications éthiques qui en procèdent et qui tendent à justifier un biodroit et une biopolitique nettement restrictives dans le domaine de la R&D, des libertés individuelles et du pluralisme. Habermas parle abondamment de l'érosion de *la* sensibilité morale, comme si elle était à la fois substantielle, unique, universelle et immuable [1]. Et il condamne comme immorale (et irrationnelle) toute intuition de valeur autre que celle de la tradition qu'il prolonge.

La philosophie éthique habermassienne est, aujourd'hui, obligée d'expliciter ses présupposés anthropologiques et prises de position substantielles de provenance idéaliste et spiritualiste traditionnelle. Il n'est pas surprenant qu'elle manifeste dès lors une modernité de moins en moins discernable, en ce qui concerne ses conséquences bioéthiques et biopolitiques pratiques, des positions prémodernes d'un Jonas

---

1. « L'abrasion de notre sensibilité morale » que Habermas dénonce en des termes que ne désavouerait pas la morale de « la répugnance » d'un Léon Kass. « Aujourd'hui, nous décelons encore ce qu'a d'obscène une telle pratique réifiante (il s'agit de la recherche sur l'embryon, GH) », mais il faut craindre l'avènement d'une société caractérisée par « l'insensibilité eu égards aux fondements naturels et normatifs de la vie. », *op. cit.*, p. 36-37 et 64.

ou même d'un Fukuyama, pourtant très éloignés de Habermas sur l'échiquier de la philosophie politique.

À partir de là, la pertinence des critiques du rationalisme moderne par Engelhardt et ses efforts pour ne conserver de la modernité qu'un cadre formel et procédural se comprennent mieux. Il aurait pu toutefois se contenter d'exploiter stratégiquement les « rencontres objectives » autour de nombreuses questions bioéthiques entre Jonas, Habermas, Fukuyama (etc.) et lui-même. Son honnêteté et sa radicalité philosophiques l'en ont empêché. Mais il faut se demander si, de cette manière, il n'est pas conduit, finalement, à faire surtout le jeu du postmodernisme.

4.3. *Bioéthique et postmodernité*

Engelhardt ne se dirait certainement pas tout de go « postmoderne »; peut-être reconnaîtrait-il à sa pensée et à son œuvre trois aspects ou trois accents (prémoderne, moderne, postmoderne) dont trop de lecteurs méconnaîtraient les fonctions et les valeurs respectives. Trinité toutefois elle-même suspecte de postmodernité : ne faut-il pas avoir une personnalité « postmoderne » pour pouvoir faire cohabiter pacifiquement dans une même réflexion et une seule existence, la substance de la foi chrétienne prémoderne, la forme vide de la rationalité moderne et l'affirmation du choix libre et sans limite de l'individu postmoderne? Quoi qu'il en soit, on ne saurait assez souligner à quel point le profil composite de la bioéthique engelhardtienne reflète notre monde chaotiquement globalisé en demande de pacification.

Engelhardt adhère à deux thèses fortes de la postmodernité mises en évidence par Jean-François Lyotard [1] :

---

1. Cf. *La condition postmoderne*, Paris, Minuit, 1979; *Le postmoderne expliqué aux enfants*, Paris, Galilée, 1988.

a) l'échec du projet moderne et de son méta-récit progressiste et universel valorisant l'émancipation sociale et l'autonomie de la volonté rationnelle individuelle ;

b) l'irréductible diversité des « jeux de langage-formes de vie ».

En outre, comment nier qu'en dépit de précautions oratoires multipliées, beaucoup de développements continueront *de facto* d'être lus comme *encourageant* notamment :

a) une conception radicale de la liberté individuelle assimilée au jeu libre du désir (et non à l'autonomie rationnelle) ;

b) le multiculturalisme ;

c) les personnalités composites, capables de vivre « à deux niveaux » : laïque *et* selon une foi communautaire ; ou « à x niveaux » suivant de multiples liens plus ou moins durables (contrats, clubs, etc.) ?

Très clairement cependant et même quelquefois violemment, Engelhardt dénonce ce qu'il appelle « l'éthos postmoderne ». Il refuse la valorisation du divers, de l'éclectique, de l'éphémère, du contingent … Il méprise ou condamne la tiédeur, l'indifférence, la confusion, l'esthétisme, l'hédonisme, l'absence de sens de la transcendance, la peur de l'engagement : tous les errements d'individus et de groupes postmodernes a- ou im-moraux [1].

Le libertarianisme d'Engelhardt ne doit donc pas être confondu avec une quelconque adhésion au postmodernisme. L'éthique et, surtout, la politique libertariennes demandent seulement un État à la fois minimal et assez fort pour garantir le libre choix des individus ou des communautés et pour sanctionner les ruptures de contrats conclus sans contrainte. Un tel État garantit aussi l'existence paisible des communautés, y

---

1. *The Foundations of Christian Bioethics* illustre ces critiques plus vigoureusement que *FB*.

compris les communautés chrétiennes ; libre à l'individu de se perdre ou de faire son salut, avec la grâce de Dieu.

Mais l'ambiguïté et, sans doute, l'ambivalence du rapport engelhardtien à la postmodernité persistent jusqu'au bout. Les évocations du dernier chapitre de *FB* (*Reshaping Human Nature: Virtue with Moral Strangers and Responsibility without Moral Content*) peuvent être lues comme autant de tentations postmodernes d'une radicalité sans pareille qu'agite le diable philosophe.

D'ordinaire, la postmodernité – ainsi que le nietzschéisme – se décline sagement au plan de la diversité et de la mobilité culturelles symboliques : celle des visions du monde, des axiologies, des genres, des croyances, etc. ; elle est, principalement, *logo-diversité*. De cette diversité « naturelle-culturelle », les techniques matérielles ne sont pas absentes, mais leur rôle est très loin d'être prépondérant. Le postmodernisme ordinaire, en philosophie, est essentiellement *littéraire, herméneutique, rhétorique, sémiologique*. L'origine du postmoderne dans l'architecture et l'urbanisme témoigne cependant du fait qu'il existe un lien fort entre technique et postmodernité : il s'agit de techniques assez puissantes pour transformer matériellement le monde en respectant et, même, en enrichissant sa diversité. Ces techniques s'adressent toutefois au milieu, naturel et artificiel (la ville), extérieur à l'homme. Elles ne sont pas réflexives. Voilà ce qui change lorsque la démarche postmoderne se saisit des technosciences biomédicales. Nous entrons alors dans un univers de SF, une postmodernité polytechnique autant que polysymbolique, combinant les symboles et les techniques en des métamorphoses illimitées de la matière, du vivant et du pensant. Cette *postmodernité technosymbolique* ouverte sur des transcendances opératoires multiples de l'espèce humaine se déploie non plus simplement à l'intérieur du lieu et du temps clos de la Terre et de l'Histoire, mais à travers les espaces et les temporalités immenses du cosmos, dont nous sommes ultimement issus. La bioéthique et la biopolitique laïques engelhardtiennes n'interdisent pas semblables fragmentations destructrices-créatrices de l'espèce humaine au fil des inventions-explorations futures des espaces-temps.

POSTMODERNITÉ TECHNO-SYMBOLIQUE

Depuis que la médecine et les sciences biomédicales sont devenues toujours davantage des moyens de modifier et de remodeler la nature humaine, nous sommes préoccupés non seulement par ce que les hommes et les femmes doivent faire, mais aussi par ce qu'ils doivent devenir, par la manière dont nous pouvons nous remodeler nous-mêmes. Semblables choix impliquent, entre autres, des valeurs morales et esthétiques, qui disent ce qui est bon, beau et proprement humain. De tels jugements comportent des vues à propos de ce qui est naturel ou non naturel. L'appel à la nature humaine comme guide pour l'action morale nous a été enlevé ou, du moins, fort limité, dès lors que nous ne pouvons plus reconnaître un dessein, mais seulement les produits de forces aveugles de mutation, de dérive génétique et de sélection naturelle. (…) Le résultat n'est pas seulement une désorientation au sens de la perte des références transcendantes, mais aussi une réorientation suivant les termes de ce que l'on pourrait appeler une nouvelle référence transcendantale : les personnes en tant que centres et sources de sens laïque général. Même si nous ne nous reconnaissons pas une place spéciale dans la nature, et même si notre nature humaine elle-même apparaît comme le résultat arbitraire de forces causales aveugles, nous sommes capables de porter des jugements sur nous-mêmes, sur notre nature et sur nos projets. Il y a une distance entre nous en tant que personnes et nous en tant qu'humains. Cette distance est l'abîme qui sépare un être qui réfléchit et manipule de l'objet de sa réflexion et de sa manipulation. Suivant notre point de vue en tant que personne ayant des compréhensions, vues et espérances particulières, nous pouvons décider si cette place que nous occupons est la meilleure au sein du cosmos. Si nous la trouvons insatisfaisante, nous pouvons inventer des moyens pour en changer. Nous pouvons décider si cette nature est la meilleure et chercher des moyens pour la remodeler, au cas où nous trouvons qu'elle laisse à désirer. En tant que personnes, nous pouvons faire de notre corps l'objet de notre jugement et de notre manipulation. Nous pouvons trouver des voies suivant lesquelles nous eussions été mieux façonnés et projeter en conséquence notre reconstruction génétique. Jusqu'ici, nos interventions ont été modestes. (...) À l'avenir, notre capacité à contrôler et à manipuler la nature humaine suivant des objectifs posés par des personnes croîtra. (...) En fin de compte, cela pourrait entraîner un changement tellement radical dans la nature humaine que nos descendants pourraient être considérés par des taxonomistes futurs comme relevant d'une nouvelle espèce. S'il n'y a rien de sacré dans la nature humaine (et aucun discours purement laïque n'est capable de révéler le sacré), aucune raison ne pourra être reconnue qui dirait pourquoi la nature humaine ne pourrait, en observant une prudence appropriée, être radicalement changée. (...)

Dans « Regarding the End of Medicine and the Pursuit of Health », Léon Kass s'efforce d'établir les limites de ce qui est proprement médical. (...) En invoquant les finalités propres de la médecine somatique, Kass veut exclure de la médecine comme telle toutes les interventions qui ne visent pas à porter remède à des problèmes somatiques de l'individu. Il souhaite exclure tout, depuis la restauration d'anatomies flétries à l'insémination artificielle et à la fécondation in vitro.

(...) Semblables argumentations ne peuvent s'imposer (peu importe combien je souhaiterais qu'elles le puissent). La médecine a toujours été un ensemble d'entreprises concernées par une myriade de plaintes exprimées par les patients à propos de handicaps, de douleurs, de malformations et des menaces de mort prématurée. La médecine renvoie à une suite hétérogène de maladies, de troubles, de difficultés et de problèmes, allant de l'acné, de fesses distendues, de névroses et d'artères coronaires bouchées aux cancers du poumon, aux grossesses non désirées, à la stérilité ou aux migraines. Il n'est pas possible de découvrir quelles demandes l'on doit honorer en tant que professionnel de la santé en invoquant une forme somatique ou une explication somatique canoniques des maladies, troubles, difficultés et problèmes. (...) La médecine du sport, dans la mesure où elle ne vise pas simplement à soigner des blessures dues à l'activité athlétique mais aussi à permettre l'acquisition de capacités athlétiques, se met au service d'une interprétation spéciale de la santé, de constellations particulières de capacités physiques et psychologiques, de significations particulières de l'épanouissement. Observons à ce propos qu'en termes d'éthique laïque générale, on ne peut pas condamner, en principe, les tentatives de réaliser des performances sportives en utilisant des drogues ou des hormones. (...) Parce que la médecine est efficace non seulement pour contrôler la douleur et l'anxiété, mais aussi pour accroître les capacités et les plaisirs, l'avenir de la médecine sera vraisemblablement toujours davantage associé à l'amélioration des performances et du bien-être des individus. (...) Si semblables drogues permettant de contrôler et d'améliorer l'humeur n'avaient pas d'effets marginaux notables, mais aidaient les individus à mieux atteindre leurs objectifs, sur la base de quelles raisons laïques générales objecterait-on à leur utilisation? (...) Pendant un certain

temps, l'ingénierie génétique sera très vraisemblablement d'abord dirigée vers la modification de cellules somatiques afin de soulager des souffrances individuelles. Toutefois, si l'on considère le long terme sérieusement, des changements majeurs seront inévitables si nous demeurons une espèce libre progressant technologiquement. Les humains, Homo sapiens, sont là depuis moins d'un demi-million d'années et ils ne partagent pas une vue morale commune de la norme humaine. Si nous avons des descendants qui survivent durant les quelques prochains millions d'années (une période courte du temps géologique), il est très vraisemblable que certains décideront de se refaçonner eux-mêmes afin de vivre mieux dans des environnements modifiés sur cette Terre, et, peut-être, dans les environnements d'autres planètes. D'autres seront simplement attirés par les diverses possibilités d'amélioration et de remodelage de la nature humaine. Quelques-uns comprendront l'incorrection morale de certaines possibilités de changement. Mais qu'est-ce qui pourrait éloigner tout le monde de pareilles interventions génétiques, qui sur le long terme seront à la fois disponibles et sûres, puisqu'il n'y a pas de fondement moral laïque pour interdire principiellement ce genre d'interventions? Sur le long terme, étant donné les attraits et les tentations de nouvelles possibilités d'adaptation et d'action, aucune raison ne permet de présumer qu'une espèce unique dérivera de la nôtre. Il se pourrait qu'il y ait autant d'espèces qu'il y aura d'opportunités de modifier substantiellement la nature humaine en vue de cet environnement-ci ou d'environnements nouveaux; de même qu'il y aura, aussi, des raisons de refuser de prendre part à ces entreprises. (...) Les visions de la Science-Fiction peuvent nous donner un double enseignement moral. D'abord, elles devraient nous rappeler qu'il n'y a rien de sacro-saint à propos de la nature humaine qui puisse être entendu suivant des termes laïques généraux. Ou, à le formuler plus correctement, ce qui est sacro-saint, la norme humaine, ne peut être appréhendé suivant les termes de l'éthique laïque. Deuxièmement et en conséquence, des personnes se découvriront la liberté laïque de remodeler la nature humaine selon leurs vœux, dans la mesure où elles le feront avec prudence, bienveillance et des collaborateurs consentants. L'attrait du développement, du progrès, de l'évolution sans fin offre une image laïque de la compréhension chrétienne traditionnelle de la théose (theosis) ou déification. Mais elle est métamorphosée et rendue polythéiste. Dans la mesure où la vue laïque du progrès n'a pas de but final, les choix des futurs et les visions possibles à réaliser sont multiples. (…)

(Extraits des deux dernières pages des *FB*) :

Le présent volume peut sembler soutenir des propositions provocantes, et même offensantes et moralement répugnantes. Soyez assuré que l'auteur aussi est affligé et angoissé. Alors que le livre a garanti une certaine communauté éthique face au nihilisme et au relativisme de la postmodernité menaçante, il n'a certainement pas épaulé toutes les propositions morales que l'auteur sait être nécessaires pour la vie bonne. Simplement : ceci est tout ce que le discours moral laïque peut offrir. Et ce qui est offert ici n'est pas la morale substantielle qui guide la vie de l'auteur. En vérité, cela en est très éloigné. La morale de la bioéthique laïque n'est pas une morale en vertu de laquelle une vie peut être vécue. Elle est bien plus l'éthique capable de lier des étrangers moraux. (…) Elle est le langage qui peut encore être parlé parmi les ruines de l'échec des Lumières et face à la tragédie d'un engagement moral fragmenté.

(*FB*, p. 412-422)

TABLE DES MATIÈRES

QU'EST-CE QUE LA BIOÉTHIQUE?

TEXTES ET COMMENTAIRES

ACHEVÉ D'IMPRIMER
EN SEPTEMBRE 2004
PAR L'IMPRIMERIE
DE LA MANUTENTION
A MAYENNE
FRANCE
N° 310-04

Dépôt légal : 3ᵉ trimestre 2004